প্রাচীন হিন্দু চিন্তকেরা প্রকৃতির রহস্যগুলোর ব্যাপারে খু-উ-ব ভালো ভাবে জেনে নিয়েছিলেন। তাঁদের এই বিজ্ঞানের ওপরে পূর্ণ রূপে প্রভুত্ব প্রাপ্ত ছিল... কিন্তু তাঁরা নিজেদের এই জ্ঞানকে কেবলমাত্র নিজেদের কাছ পর্যন্তই সীমিত রেখেছিলেন। ওনারা প্রকৃতির রহস্যগুলোর সাথে সম্বন্ধিত জ্ঞানের ব্যাপারে তথ্য জন-সাধারণকে প্রদান করেননি আর এজন্য তাঁরা যে জ্ঞান অর্জিত করেছিলেন... সেগুলোও ওনাদের সাথে-সাথেই এই পৃথিবী থেকে লুপ্ত হয়ে পড়েছে। এই প্রকার সত্যের ওপরে ধূলো জমতে লেগেছে।

প্রাচীন যুগে চীন আর মিশরের লোকেরা সংখ্যার রহস্যপূর্ণ অর্থের সাথে খু-উ-ব ভালোমতন পরিচিত ছিলেন... যেগুলোর সাথে মানব-জীবনের গভীর সম্বন্ধ ছিল। ভালো করে খোঁজ-খবর করার পরে আমাদের এমনটা মেনে নিতে বাধ্য হতে হয় যে, ওনারা সায়ণের সম্বন্ধে অনেক কিছুই জেনে নিয়েছিলেন। ওনারা গণনা দ্বারা এটা প্রমাণিত করে দিয়েছিলেন যে, প্রত্যেক 25827 বছর পরে সায়ণের স্থানে গ্রহণের ঘটনা ঘটিত হয়... যখন দিন আর রাত এক সমান হয়। বর্তমান যুগের বিজ্ঞান বহু বছরের পরিশ্রমের পরে একে সাকার রূপে প্রমাণিত করতে পেরেছে!

এখানে সংখ্যা-বিজ্ঞানের ওপরে কীরো দ্বারা লিখিত এক অত্যন্ত রোচক পুস্তক পেশ করা হচ্ছে!

প্রসিদ্ধ ভবিষ্য জ্ঞাতা কীরো
দ্বারা সংখ্যা-বিজ্ঞানের সম্পূর্ণ পুস্তক...
যার দ্বারা কেবলমাত্র জন্ম তারিখের
ভিত্তিতে উদাহরণ সমেত ব্যক্তির
প্রকৃতি, স্বভাবের পরীক্ষা করে
তাঁর ব্যাপারে পর্যাপ্ত তথ্য
প্রাপ্ত করা যেতে পারে!

কীরো

সংখ্যা-বিজ্ঞান

ডায়মণ্ড বুকস

প্রকাশক : ডায়মণ্ড বুক্স *(প্রা.)* লিমিটেড
X - 30, ওখলা ইণ্ডাস্ট্রিয়াল এরিয়া, ফেজ - II
নূতন দিল্লী - 110 020
ফোন : 011- 40712200
ই-মেল : sales@dpb.in
ওয়েবসাইট : www.dpb.in
বঙ্গানুবাদ : সমীর দে
লেজার টাইপসেটিং : ল্যাঙ্গুয়েজট্রন
মুদ্রক : Repro (India)

CHEIRO ANK VIGYAN (BENGALI)

By : Cheiro

প্রস্তাবনা

এটা সত্য যে, যে কোন বিষয়ের বিশেষ অধ্যয়ণ করলে, সেই বিষয়ের ওপরে বিশেষ রূপে দৃষ্টি দিলে সেই বিষয়ের সাথে সম্বন্ধিত সকল গূঢ় রহস্য আর তথ্য জানা যেতে পারে; অভিজ্ঞতা এবং অনুসন্ধান দ্বারা সেই বিষয়কে সম্পূর্ণ রূপে জানা যেতে পারে। এই প্রকার সংখ্যা বিদ্যার গূঢ় অর্থ এবং গুরুত্বকেও অধ্যয়ণ, অভ্যাস আর অভিজ্ঞতা দ্বারা শেখা আর বোঝা যেতে পারে।

সংখ্যা বিদ্যার সম্বন্ধে অনবরত করে চলা অধ্যয়ণ, পরীক্ষণ এবং অভিজ্ঞতা দ্বারা যে জ্ঞান অর্জিত হতে পেরেছে... গোটা দুনিয়াকে সেটার সাথে পরিচিত করানোই আমার উদ্দেশ্য।

আসলে প্রত্যেক বস্তুর একটা পক্ষ সেটার গূঢ় রহস্যের সাথে সম্বন্ধিত হয়ে থাকে... কিন্তু এই গূঢ় পক্ষের সম্বন্ধে খুব কম কাজ হয়েছে। আধুনিক যুগে ভৌতিক যান্ত্রিকীর দিকে আমাদের দৃষ্টি তো যথেস্ট গেছে... যার পরিণাম এটা হয়েছে যে, মনুষ্য নিজের জীবনের জটিল সমস্যার সমাধান করার বদলে নিজের উন্নতির উপকরণের নির্মাণেই বেশী করে লেগে থেকেছে।

প্রাচ্য দেশগুলোর সফর করে এই রহস্যের ব্যাপারে জানতে পারা গেছে যে, কিছু ব্রাহ্মণদের কাছে প্রাগৈতিহাসিক তন্ত্র-বিদ্যার গূঢ় রহস্য সুরক্ষিত রয়েছে। তাঁদের থেকে আমি সংখ্যা-বিজ্ঞানের রহস্য জানার আর বোঝার সুযোগ পেয়েছিলাম।

এখানে দৃষ্টি দেওয়ার যোগ্য ব্যাপার হচেছ এটা যে, ওনারা সুপাত্রতার অভাবে এই জ্ঞান অন্যদের বিতরণ করার কাজে কৃপণতা দেখিয়েছিলেন। এর পরিণাম এটাই হয়েছিল যে, অনেক জ্ঞান প্রসার-প্রচারের অভাবে লুপ্ত হয়ে গেছে আর যেটুকু প্রাপ্ত হয়েছে, সেটা অন্ধবিশ্বাসে ফেঁসে গেছে।

প্রাচীন হিন্দু চিন্তকেরা প্রকৃতির রহস্যগুলোর ব্যাপারে খু-উ-ব ভালো ভাবে জেনে নিয়েছিলেন। তাঁদের এই বিজ্ঞানের ওপরে পূর্ণ রূপে প্রভুত্ব প্রাপ্ত ছিল... কিন্তু তাঁরা নিজেদের এই জ্ঞানকে কেবলমাত্র নিজেদের কাছ পর্যন্তই সীমিত রেখেছিলেন। ওনারা প্রকৃতির রহস্যগুলোর সাথে সম্বন্ধিত জ্ঞানের ব্যাপারে তথ্য জন-সাধারণকে প্রদান করেননি আর এজন্য তাঁরা যে জ্ঞান অর্জিত করেছিলেন... সেগুলোও ওনাদের সাথে-সাথেই এই পৃথিবী থেকে লুপ্ত হয়ে পড়েছে। এই প্রকার সত্যের ওপরে ধূলো জমতে লেগেছে।

প্রাচীন যুগে চীন আর মিশরের লোকেরা সংখ্যার রহস্যপূর্ণ অর্থের সাথে খু-উ-ব ভালোমতন পরিচিত ছিলেন... যেগুলোর সাথে মানব-জীবনের গভীর সম্বন্ধ ছিল। ভালো করে খোঁজ-খবর করার পরে আমাদের এমনটা মেনে নিতে বাধ্য হতে হয় যে, ওনারা সায়ণের সম্বন্ধে অনেক কিছুই জেনে নিয়েছিলেন। ওনারা গণনা

দ্বারা এটা প্রমাণিত করে দিয়েছিলেন যে, প্রত্যেক 25827 বছর পরে সায়ণের স্থানে গ্রহণের ঘটনা ঘটিত হয়... যখন দিন আর রাত এক সমান হয়। বর্তমান যুগের বিজ্ঞান বহু বছরের পরিশ্রমের পরে একে সাকার রূপে প্রমাণিত করতে পেরেছে !

ক্যালোডিয়ন লোকেদের দ্বারা বছরগুলোর অনুরূপ গ্রহগুলোর চালের নির্দিষ্ট করা সময় প্রাচীন যুগ থেকে আজ পর্যন্ত চলে আসছে। বিজ্ঞানের আধুনিক উপকরণ দ্বারাও সেগুলো সঠিক প্রমাণিত হয়েছে। যে প্রকার সঙ্গীতের 07 স্বর হয়... সেই প্রকার ওনারা এটা আবিস্কার করেছিলেন যে, সংখ্যা 01 থেকে সংখ্যা 09 পর্যন্ত প্রতিটি সংখ্যার নিজস্ব এক গুরুত্ব রয়েছে। এই সব সংখ্যার মধ্যে ওনারা সংখ্যা 07-কে সর্বাধিক গুরুত্ব প্রদান করেছেন। সংসারের সমস্ত সঙ্গীত 07 সুরের ওপরেই আধারিত হয়।

07 স্বর্ণ হয়,
07 সিংহাসন হয়,
07 মুদ্রা হয়,
07 চার্চ হয়,
07 দিন হয় আর
এই 07 দিনই সপ্তাহ, মাস আর বছরের নির্মাণ করে।
এই প্রকার পৃথিবীর ওপরে 07 গ্রহের সরাসরি প্রভাব পড়ে।

সংখ্যা 01 হচ্ছে প্রথম সংখ্যা... যেটা পরমাত্মা আর আত্মার প্রতীক হয়। শূণ্য (00) সমাপ্তির প্রতীক হয়। শূণ্য এক গৌণ চক্র হয়। 01-য়ের পরে শূণ্য (00) বসালে অনন্তের প্রতীক 01 + 00 = 10 প্রাপ্ত হয়। এর পরে অনন্তের প্রতিনিধি শূণ্য (00) বসিয়ে যান... এই প্রকার 1,000,000-য়ের রহস্যপূর্ণ সংখ্যা তৈরী হবে। এটাকে 07 দ্বারা বিভক্ত করলে আপনারা ভাগফলের রূপে 142857 সংখ্যা প্রাপ্ত করবেন। এর যোগফল 27 আসবে আর সেটাকে আবার এক বার যোগ করলে 09 সংখ্যা প্রাপ্ত হয়।

গ্রহ 09-টি হয়... যেগুলোকে 'নবগ্রহ' বলা হয়। সংখ্যার ওপরে গ্রহগুলোর গভীর প্রভাব পড়ে। সংখ্যা 09 ক্রমের অন্ত হয়... যার ওপরে সমস্ত ধনাত্মক Materialistic গণনা নির্দিষ্ট করা হয়েছে। সংখ্যা 09-য়ের পরেই প্রথম 09 সংখ্যার পুনরাবৃত্তি হয়। উদাহরণ হিসেবে সংখ্যা 10-কে নিন। 10 কোন সংখ্যা হয় না। এজন্য সংখ্যা 10 কেবল সংখ্যা 01-য়ের পুনরাবৃত্তি করে।

এই প্রকার ঃ
11 (01 + 01) = সংখ্যা 02-য়ের,
12 (01 + 02) = সংখ্যা 03-য়ের,
13 (01 + 03) = সংখ্যা 04-য়ের,
14 (01 + 04) = সংখ্যা 05-য়ের,
15 (01 + 05) = সংখ্যা 06-য়ের,
16 (01 + 06) = সংখ্যা 07-য়ের,
17 (01 + 07) = সংখ্যা 08-য়ের,
18 (01 + 08) = সংখ্যা 09-য়ের পুনরাবৃত্তি করে।

এই প্রকার 19 (01 + 09) = সংখ্যা 10 আর তারপর পরের সংখ্যার পুনরাবৃত্তি করা শুরু করে দেয় এবং এই প্রকার এই ক্রম অনন্ত কাল ধরে চলতেই থাকে।

এমনিতে তো 01 থেকে শুরু করে 09 পর্যন্তই সংখ্যা রয়েছে। কিন্তু এর পরের সংযুক্ত সংখ্যাগুলোরও গোপন প্রতীকাত্মকতা রয়েছে।

প্রচীন কাল থেকে 07 গ্রহেরই মান্যতা প্রাপ্ত হয়ে রয়েছে। সংখ্যা বিদ্যার প্রতি শংকা বা সন্দেহ পোষণ করতে থাকা লোকেদের এমন ভ্রান্তি থাকে যে, পুরোন জ্যোতির্বিদদের শনি ছাড়া আর কোন গ্রহের ব্যাপারে জ্ঞান ছিল না... কিন্তু তথ্য এটা জানায় যে, প্রচীন জ্যোতির্বিদদের শনি থেকে অনেক দূরের আরও দুটি গ্রহের ব্যাপারেও জ্ঞান ছিল। তাঁদের মতানুসার 07 মূল গ্রহের ওপারেও দুটি অন্য আকাশীয় পিণ্ড রয়েছে। তাঁরা এমনটা মানতেন যে, এই পিণ্ড প্রকৃতির শারীরিক পক্ষের স্হানে মানসিক পক্ষকে প্রভাবিত করে। তাঁদের এমন জ্ঞান ভবিষ্যতে য়ুরেনাস, নেপচুনের আবিস্কারের অনুরূপই। এই পূর্ব জ্ঞাত 07 গ্রহ অনুসারেই 07 দিন নির্দিস্ট করা হয়েছে। এগুলোর মধ্যে প্রতিটি দিন বা বারের স্বামী এক গ্রহ হয়। রবিবারের স্বামী সূর্য... সোমবারের স্বামী চন্দ্র... মঙ্গলবারের স্বামী মঙ্গল... বুধবারের স্বামী বুধ... বৃহস্পতিবারের স্বামী বৃহস্পতি... শুক্রবারের স্বামী শুক্র এবং শনিবারের স্বামী হচেছ শনি !

যে প্রকার Zodiac অর্থাৎ চক্র 12 রাশিতে, প্রকৃতির নিয়ম অথবা কোন দৈব শক্তির নির্দিস্ট নিয়ম অনুসারে ঘুরে চলেছে... ঠিক সেই প্রকার সংসারের সমস্ত ধর্ম আর সারা জীবনের রহস্যও প্রকৃতির নিয়মের ওপরে আধারিত। দৈব শক্তি বা দৈব প্রেরণা দ্বারাই এই সংসারের সমস্ত কাজ হয়।

আমরা এই দৈব শক্তির বাস্তবিকতাকে বর্তমান আধুনিক আর ব্যবহারিক যুগে নিজেদের দৈনন্দিন জীবনের সেই সব নিয়মগুলোকে প্রয়োজ্য করে প্রমাণিত করতে পারি। যে ব্যক্তি সংখ্যা-বিজ্ঞানের সিদ্ধান্তগুলোর সাথে ভালোমতন পরিচিত হয়ে পড়েন... তিনি নিজের দৈনন্দিন জীবনের সাধারণ-সাধারণ সমস্যাগুলো সমাধান করার কাজে সেগুলোর প্রয়োগ করে লাভ ওঠাতে পারেন এবং সেগুলোর সত্যতাকেও প্রমাণিত করতে পারেন।

যদি কোন ব্যবসায়ী ব্যক্তি নিজের জীবনে এই সব সিদ্ধান্তগুলোকে কয়েক মাস পর্যন্ত প্রয়োগ করেন... তাহলে উনি এটা মানার জন্য বাধ্য হয়ে উঠবেন যে, ওনার ব্যবসা-সম্বন্ধীয় গুরুত্বপূর্ণ কাজগুলো সংখ্যা-বিজ্ঞানের নিয়ম দ্বারা নির্দিস্ট বিশেষ দিনেই সফল হয়। তিনি এটা দেখে অত্যন্ত আশ্চর্য হয়ে উঠবেন যে, নিজের সৌভাগ্যপূর্ণ সংখ্যা অনুসারে কাজ করলে ওনার প্ল্যান-প্রোগ্রাম এবং ওনার ব্যবসা-সম্বন্ধীয় কাজগুলোয় এক অদ্ভূত অনুকূল পরিবেশের সৃস্টি হয়েছে। উনি এটাও জানতে পারবেন যে, প্রতি বছর ওনার সৌভাগ্য সংখ্যার অন্তর্গত আসা সেই সৌর্য মাসগুলোয়, ওনার কার্য ক্ষমতা আর সফলতার সম্ভাবনা কতটা বেড়ে ওঠে। উনি এটাও জেনে যাবেন যে, সপ্তাহের কস্টদায়ক আর দুর্ভাগ্যপূর্ণ দিন কোন্‌গুলো হয়... যেগুলোর সংখ্যা ওনার নিজের সংখ্যার সাথে সহানুভূতি বা মিত্র ভাব পোষণ করে না।

নিজের ব্যবসা ছাড়া নিজের স্বাস্থ্যের সম্বন্ধেও তাঁর এই প্রকারের প্রমাণের অভিজ্ঞতা হবে। উনি এটা দেখতে পাবেন যে, বছরের মধ্যে কয়েকটা মাস বা সপ্তাহ এমন হয়... যখন নিয়মিত রূপে তাঁর স্বাস্থ্য খারাপ হওয়ার লক্ষণ দেখতে পাওয়া যায়।

সংখ্যা-বিজ্ঞানের সহায়তায় নিজেদের জীবনকে বেশ কিছু সমস্যা, নিরাশা আর ব্যর্থতা থেকে মুক্ত রাখা যেতে পারে। কঠিনতা আর দুভার্গ্যপূর্ণ পরিস্থিতি থেকে নিজেদের জীবনের রক্ষা করা যেতে পারে।

যদি কোন ব্যক্তি নিজের জীবনে সংখ্যা-বিজ্ঞানের এই সব সিদ্ধান্তগুলোর অনুসরণ করেন... তাহলে তিনি নিজের সমস্ত কার্য, যেমন – এ্যাপয়েন্টমেন্ট, চাকরী, পরীক্ষা, ব্যবসা বা কন্ট্রাক্ট সম্বন্ধীয় কাগজে হস্তাক্ষর করা, ভবন-নির্মাণ ইত্যাদির জন্য উপযুক্ত দিনের ব্যাপারে জানতে পারবেন। তিনি এটা জানতে পারবেন যে, উপযুক্ত দিন বেছে নেওয়ার কারণে তাঁর কাজ কোন প্রকারের বাধা-বিপত্তি ছাড়াই সম্পূর্ণ হয়ে পড়েছে।

যেসব ব্যক্তি নিজেদের জীবনে সম্পূর্ণ রূপে ব্যর্থ হয়েছেন... সংখ্যা-বিজ্ঞানের জ্ঞান তাঁদের সফলতা প্রাপ্ত করাতে পারে। আর যেসব ব্যক্তি নিজেদের জীবনে সফল হয়ে উঠেছেন... তাঁদের সফলতার সর্বোচ্চ শিখরে পৌঁছে দিতে পারে। যে ব্যক্তি সংখ্যা-বিজ্ঞানের প্রতি আগ্রহ দেখাবেন, সেটার সমুচিত অধ্যয়ণ করে সেটার সিদ্ধান্তগুলোকে নিজের জীবনে সঠিক ভাবে গ্রহণ করবেন... সেই ব্যক্তি নিজের জীবনে কেবল সফলতাই প্রাপ্ত করবেন না – তাঁর সমগ্র জীবন সুখে ভরে উঠবে। জীবনের সম্বন্ধে তাঁর মনে আশাবাদী ধারণার সৃষ্টি হবে।

50 বছরেরও বেশী সময় পর্যন্ত সংখ্যা-বিজ্ঞানের গভীর অধ্যয়ণ করে এবং অসংখ্য অভিজ্ঞতা আর প্রয়োগের পরে আমি সংখ্যা-বিজ্ঞানের সম্বন্ধে যা কিছুই লিখেছি... সেগুলোর সত্যতার ওপরে আমার পূর্ণ বিশ্বাস রয়েছে। আমি আমার পাঠকদের উদ্দেশ্যে এই অনুরোধ জানাব যে, আমি যেসব সিদ্ধান্ত আর নিয়ম প্রতিপাদিত করেছি... সেগুলো যদি তাঁরা পূর্ণ সত্যতা আর বুদ্ধিমত্তাপূর্বক নিজেদের জীবনে পালন আর অনুসরণ করেন... তাহলে তাঁদের জীবনের অভিধান থেকে 'সংযোগ' শব্দটাই লুপ্ত হয়ে পড়বে। কারণ সংযোগের ওপরে বিশ্বাস করাটা ভগবানের অপমান করার সমান হয়। বিভিন্ন তথ্য থেকে এটা স্পষ্ট হয়ে উঠেছে যে, এই সংখ্যা-বিজ্ঞানের প্রয়োগ লোকেরা নিজেদের দৈনন্দিন জীবনে করতে পারেন এবং এর দ্বারা আরও বেশী সফলতা, সুখ আর প্রসন্নতা প্রাপ্ত হওয়ার আশা রয়েছে।

অনেক বছর ধরে অত্যন্ত ধৈর্য্যপূর্বক যে প্রচেস্টা চালানো হয়েছে, তার পরিণাম আর অভিজ্ঞতা আমি এই পুস্তকে রাখছি। আমার আশা যে, পাঠকেরা যদি সেগুলোর উপয়োগ আর পরীক্ষণ করেন... তাহলে নিশ্চিত রূপে তাঁরা নিজেদের জীবনে সফলতা প্রাপ্ত করবেন – যেটাকে আমি প্রতিটি ব্যক্তির অধিকার বলে মনে করি। সংখ্যা বিদ্যা দ্বারা লোকেরা নিজেদের জীবনকে আরও বেশী পূর্ণ করে তুলতে পারবেন।

– **কীরো**

বিষয়-সূচী

01

সংখ্যার গুরুত্ব এবং প্রভাব

খালদী আর মিশরবাসীদের সাথে-সাথে প্রাচীন হিন্দুরাও সংখ্যার এই গোপন বিদ্যা বা সংখ্যার গোপন রহস্য জানতেন। প্রকৃতির সিদ্ধান্তগুলোর খোঁজে লেগে থাকা প্রাচীন হিন্দু আচার্যরা এই সব বিদ্যার প্রণেতা ছিলেন। পরে ওনারা এই চেস্টা করেছিলেন যে, ওনাদের এই জ্ঞান যেন কেবল ওনাদের বংশধরেরাই প্রাপ্ত করেন আর ওনারা এই বিদ্যাকে সাধারণ জনতার থেকে লুকিয়ে রেখেছিলেন। এর পরিণাম এটা হয়েছিল যে, অধিকাংশ মামলায় তাঁদের বিদ্যা বুঝতে পারার চাবিকাঠিই গায়েব হয়ে গেল আর ওনারা যে সত্যের খোঁজ করেছিলেন... সেটা অন্ধবিশ্বাস, তান্ত্রিক আর জাদু-টোনার ধূলোর নীচে চাপা পড়ে গেল। এই সম্বন্ধে আমাদের এটা ভুলে গেলে চলবে না যে, হিন্দু আচার্যরাই সায়ণ জাতির আবিস্কার করেছিলেন। ওনারা সেই সময় এটাও জেনে নিয়েছিলেন যে, সূর্য রাশি চক্রে 25827 বছর পরে আবার এক বার সেই বিন্দুতে ফিরে আসে।

আমাদের নবীনতম বিজ্ঞান অসংখ্য বছরের মেহনতের পরে এই সত্যকে প্রমাণিত করতে সক্ষম হয়ে উঠেছে। সেটা কি ভাবে আর কোন্ সাধন দ্বারা এই গণনা পর্যন্ত পৌঁছতে পেরেছে, সেটা জানা অসম্ভব। এতটা দীর্ঘ সময় পর্যন্ত সূর্যের গতিকে দেখতে থাকার কল্পনাও করা সম্ভব নয়। যন্ত্র ছাড়া গণনা করার কথা কল্পনাও করা চলে না। সুতরাং বিজ্ঞান কেবল এইটুকুই করতে পেরেছে যে, প্রথমে সেটার মান্যতা স্বীকার করেছে আর তারপর সেটার সত্যতাকে। বিভিন্ন গ্রহের গতির বিষয়ে বিজ্ঞান আর খালদীবাসীরা যথেস্ট গভীরতা পর্যন্ত নিজেদের পরিণামে পৌঁছতে পেরেছে।

আধুনিক বিজ্ঞান সেটার নিস্কর্ষকে সঠিক মেনেছে। সুতরাং সংখ্যার মূল্যের বিষয়ে তাদের ফয়সালা আমাদের স্বীকার করে নেওয়া উচিত... যেটা আমাদের সমস্ত গণনার আধার! কম পক্ষে আমাদের সেটার পরিণামের পরীক্ষণ খোলা মনে করা উচিত। সংখ্যার গণনা 01 থেকে শুরু হয়ে 09 পর্যন্ত এসে সমাপ্ত হয়। 09-য়ের পরে সমস্ত সংখ্যা এই সংখ্যা-সিরিজের পুনরাবৃত্তিই হয়। সংখ্যা 10 সংখ্যা 01-য়ের পুনরাবৃত্তি হয়... কারণ 00-কে সংখ্যার মধ্যে গণনা করা হয় না। সংখ্যা 11-র দুটি সংখ্যাকে পরস্পরের সাথে যোগ করলে 02 সংখ্যা প্রাপ্ত হয়। সংখ্যা 12 তিনের... সংখ্যা 13 চারের পুনরাবৃত্তি হয়। সংখ্যা 19-তে আবার এক বার 01 আর 09-য়ের যোগ দ্বারা সংখ্যা 10 প্রাপ্ত হয়... যেটা আবার এক বার সংখ্যা 01-য়ের পুনরাবৃত্তি হয়। এই প্রকারে এই ক্রম অনন্ত কাল পর্যন্ত চলতে থাকে। এই প্রকার আমরা এটা দেখতে পাই যে, সমস্ত ভৌতিক গণনা প্রণালীর আধার সংখ্যা 01 থেকে সংখ্যা 09 পর্যন্ত হয়। যে ভাবে সঙ্গীতের 07 মূল সুর দ্বারা সমস্ত রাগ-রাগিনীর রচনা হয় বা যেমন 07 মূল রং দ্বারা সকল প্রকারের রং-য়ের মিশ্রণ প্রাপ্ত হতে পারে... ঠিক সেই প্রকার এই 09 সংখ্যা আমাদের সমস্ত প্রকারের

গণনার মূল আধার হয়।

এখানে এটা উল্লেখনীয় যে, বাইবেল এবং অন্যান্য ধর্মগ্রন্থগুলোয় সংখ্যা 07 সর্বদা আধ্যাত্মিক বা রহস্যপূর্ণ ঐশ্বরিক-শক্তিকে ব্যক্ত করে। উদাহরণ হিসেবে, ঈশ্বর এই সৃষ্টির রচনা 07 দিনে করেছিলেন। সিংহাসন 07... মন্ত্র 07... সম্প্রদায় 07... জেরীকোর প্রচীরের 07 দিনের পরিক্রমা... ডেভিড থেকে যীশুখ্রীস্টের জন্ম পর্যন্ত প্রজন্ম 07... মিশরের প্রাচীন ধর্মে 07 দেবতার উল্লেখ রয়েছে... হিন্দু, ফারসী, খালদী – সমস্ত ধর্মে 07 সংখ্যা দৈব শক্তির প্রতিনিধিত্ব করে। এর কোন ব্যতিক্রম নেই। সংখ্যা 01 হচেছ সংখ্যা সিরিজের প্রথম সংখ্যা। এটা ঈশ্বর, স্রস্টা, ব্রহ্ম, পরমাত্মা বা আপনারা যেটা বলতে চান, সেটার নেতৃত্ব করে। চক্র বা শূণ্যকে সর্বদা অনন্তের প্রতীক মানা হয়েছে। সংখ্যা 01-য়ের পরে অনন্তের এই প্রতীক 00 রেখে চলুন... আপনারা 1,000,000 সংখ্যা পর্যন্ত পৌঁছে যাবেন। এই সংখ্যাকে রহস্যবাদী সংখ্যা 07 দিয়ে বিভাজিত করুন। ভাগফল 1,42,857 প্রাপ্ত হবে। আপনারা যত খুশী 00 বাড়িয়ে চলুন... ভাগফলে এই সংখ্যার পুনরাবৃত্তি হতে থাকবে। অজ্ঞাতকাল ধরে এই সংখ্যাকে 'ধর্ম সংখ্যা' বলে আসা হয়েছে।

এই সব সংখ্যাগুলোকে এক সাথে যোগ করলে যোগফল 27 আসবে। 27-য়ের দুটি সংখ্যাকে পরস্পরের সাথে যোগ করলে 09-য়ের আধার সংখ্যা প্রাপ্ত হবে। অন্য শব্দে, এর দ্বারা আপনাদের আধার সংখ্যার পুরো সিরিজ হাসিল হয়ে পড়ে... যেটা সমস্ত ভৌতিক বা মানবিক গণনার আধার হতে পারে। আসুন... এক মুহূর্তের জন্য সংখ্যা 07-য়ের প্রতীকাত্মকতার ব্যাপারে আবার এক বার আলোচনা করা যাক। আপনারা এটা জানেন যে, ভগবান বুদ্ধকে সর্বদাই পদ্ম ফুলের মধ্যে বসে থাকতে দেখানো হয়। আসুন... আমরা এর রহস্য জানার চেস্টা করি। হতে পারে যে, এই জিনিষটা সাধারণ লোকেদের জানা না-ও থাকতে পারে যে, প্রকৃতি বিভিন্ন বিচিত্র রূপে নিজেকে সংখ্যা 07 দ্বারা অভিব্যক্ত করে। যে ফুলের রূপ অন্যান্য ফুলের সাথে অন্তঃ সম্বন্ধ দ্বারা বদলায়নি, সেটার পাপড়ির সংখ্যা 07 হয়।

ফুল এতটা সরলতার সাথে একে-অপরের সাথে মিশে যায় যে, সেগুলোকে বিশুদ্ধ মূল রূপে পাওয়াটা প্রায় ক্ষেত্রেই মুশকিল হয়ে পড়ে। বুদ্ধ পদ্ম ফুল এজন্য বেছে নিয়েছিলেন... কারণ পদ্ম ফুল অন্যান্য ফুলের সাথে মিশে নিজের নিজস্বতা হারায় না। বৌদ্ধ ধর্মের প্রতীক চিহ্নে পদ্ম ফুলের সাত মূলভূত পাপড়ি স্পস্ট দেখতে পাওয়া যায়। এছাড়া, ভগবান বুদ্ধ নিজের ধর্মে এটা শিখিয়েছেন যে, ক্রিয়াশীল আত্মা সমস্ত বস্তুর আধার এবং মূল হয়। এর দ্বারাও 07 গ্রহের... যেগুলো সকল ধর্মের মূল হয়... সৃজন শক্তির মৌন, কিন্তু অকাট্য সাক্ষ্য প্রাপ্ত হয়। ধর্মগুলোর অস্তিত্বে আসা আর বিভিন্ন জাতির আইন তৈরী হওয়ার অনেক আগে পৃথিবীবাসীরা এই 07 গ্রহের প্রভাবের ব্যাপারে জানতে পেরে গিয়েছিল। অজ্ঞানতার অন্ধকার থেকে বেরিয়ে এসে সেটার প্রকাশ আইন হয়ে উঠেছিল। আমরা যতটা পর্যন্ত পৌঁছতে পারি... প্রাগৈতিহাসিক কাল পর্যন্ত... সমস্ত জাতি আর সমস্ত দেশে আমাদের এই 07 গ্রহের প্রভাব পরিলক্ষিত হয়।

সপ্তাহের বার

আপনারা যে কোন দেশ নিয়ে নিন, অভিপ্রায় একই আর প্রায়ই প্রত্যেক ভাষায় – য়ূনানী, ল্যাটিন, ফ্রেঞ্চ, জার্মান, ইংরাজী, চীনা, সীরিয়ান, মিশরী,

হিব্রু বা হিন্দী ভাষায় – এমনটা ব্যক্ত করা হয়ে থাকে। সপ্তাহের 07 বার এই 07 গ্রহের প্রভাবেরই দান। পৃথিবীর প্রতিটি দেশে সেগুলোর নাম এই সব গ্রহের ওপরেই রাখা হয়েছে। এই সম্বন্ধে এটা উল্লেখনীয় যে, সৌর-মণ্ডলের অন্তিম গ্রহ শনি সকল ধর্মে – তা সেটা হিব্রু হোক্ বা অন্য কোন ধর্ম – 'বিরাম' বা পরিশ্রমের বিশ্রামের পরিচায়ক হয়। এখানে আমরা সপ্তাহের 07 বার এবং 07 কার্যরত গ্রহের মধ্যের সম্বন্ধকে দেখতে পারি। এর দ্বারা এই লাইনটার ওপরে নতুন করে আলোকপাত হয় – ''ঈশ্বর সূর্য, চন্দ্র এবং তারার নির্মাণ করেছেন আর সেগুলোকে সংকেত, ঋতু, বার এবং বছরের জন্য নিযুক্ত করে দিয়েছেন।'' খগোল বিজ্ঞানের ওপরে অনেক পুস্তকের লেখক নীডামী সপ্তাহের 07 বারের এই অদ্ভূত বিভাজনের উল্লেখ করেছেন। 'বাইবেলের খগোল বিজ্ঞান'-তে উনি বলেছেন – ''07 দিনের সময় না তো মাসের মধ্যে পুরোপুরি বিভাজিত হয় আর না ঋতুতে। মনুষ্য সুগমতা দ্বারা একে গ্রহণ করতে পারে না। এটা সময়ের স্বাভাবিক বিভাজনের প্রতিকূল।''

লেখক সংখ্যা 07-য়ের মধ্যে লুকিয়ে থাকা মহান রহস্যের ব্যাপারে জানতেন না। ওনার চিন্তা কেবল এটা ছিল যে, মনুষ্য এই বিভাজনকে সহজ ভাবে গ্রহণ করতে পাঁরত না... কিন্তু এই পৃথিবীতে আর পৃথিবীর ওপরে প্রতিটি বস্তুর কোন-না-কোন অর্থ অবশ্যই রয়েছে। সপ্তাহের প্রতিটি বারের, বারগুলোর প্রতিটি ঘন্টার আর ঘন্টার প্রতিটি মিনিটের অর্থ আর সংখ্যা – দুটোই রয়েছে। প্রতিটি বৈজ্ঞানিক এটা অবশ্যই স্বীকার করে নিয়েছেন যে, আকাশের চমৎকারী মেশিনের নিয়মিততা, শ্রম আর ব্যবস্হার কোন তুলনাই হয় না। আমরা আজ এটা জানি যে, আকাশীয় পিণ্ড নিজের কক্ষে এতটাই নিয়মিত গতিতে আবর্তিত হয় যে, লক্ষ-কোটি বছরেও তার গতিতে এক মুহূর্তও এদিক-ওদিক হয় না। আমরা এটা জানি যে, সেই জিনিষটা এই পৃথিবীর ওপরে নিজের প্রভাব বিস্তার করে। এই প্রভাব পৃথিবীর প্রতিটি অণুতে অনুভূত হয়... যদিও এই প্রভাবের শক্তি কি বা সেটা কি গতিতে কাজ করে... সেটা সর্বদা রহস্যই থেকে গেছে।

এই রহস্যময় নিয়মের খোঁজ করে প্রচীন দার্শনিকেরা অধ্যয়ণ, মনন, পরীক্ষণ এবং সম্ভবতঃ অতীন্দ্রিয় জ্ঞান দ্বারা জীবনকে নিয়ন্ত্রিত করা কিছু নিয়ম পর্যন্ত পৌঁছেছিলেন। এই সব নিয়ম ততটা সঠিক হতে পারে... যতটা সঠিক সেগুলোর খোঁজ যে, নিজের গতিপথ থেকে পেছনে সরে আসা সূর্যের রাশিমণ্ডলের সেই বিন্দু পর্যন্ত পৌঁছতে 25827 বছর লাগে। প্রকৃতির এই চমৎকারী, কৌতূহলী ব্যক্তিদের থেকেই আমাদের রাশি চক্রকে 30 অংশের 12 ভাগ বা রাশিতে বিভাজিত করার বিচারধারা প্রাপ্ত হয়েছে। ওনারাই আমাদের এটা জানিয়েছেন যে, প্রত্যেক রাশি পৃথিবীর ওপরে আর 12 রাশিতে জন্ম গ্রহণ করা মনুষ্যের ওপরে নিশ্চিত আর সুবিদিত প্রভাব বিস্তার করে। ওনারাই 30 অংশের এই সব রাশিগুলোকে 10 - 10 অংশের উপভাগে বিভাজিত করেছিলেন... যেগুলোর ওপরে গ্রহগুলো নিজেদের প্রভাব বিস্তার করে।

ওনারা নিজেদের খোঁজ চালিয়ে যান এবং এমন প্রণালী বিকশিত করেন... যেটা এটা জানায় যে, আকাশে স্পন্দনের কারণে প্রতিটি দিনের এক বিশেষ অর্থ হয় এবং সেটার চুম্বকীয় প্রভাব সকল গ্রহের স্পন্দন বা আকাশীয় তরঙ্গের প্রভাবে পার্থক্যের সৃষ্টি করে। নিজেদের এই প্রণালী ওনারা সময়ের ছোট-ছোট ভাগের

ওপরেও প্রযোজ্য করতে পেরেছেন। সেটা বোঝার জন্য আমরা ঘড়ির উদাহরণ নিতে পারি। ঘড়িতে চক্রে চক্র আর দাঁতে দাঁত ফেঁসে থাকে... যেটা ঘড়ির গতিকে নিয়ন্ত্রিত করে। সূর্যকে প্রত্যেক 04 মিনিটে রাশি চক্রের এক অংশ থেকে অন্য অংশে প্রবেশ করতে দেখতে পাওয়া যায়। একে আমরা নিজেদের চাকার এক দাঁত মেনে নিতে পারি। 360 অংশকে 04 মিনিট দিয়ে গুণ করলে 1440 মিনিট হয়। এটাকে 60 দিয়ে ভাগ করলে আমাদের 24 ঘন্টার দিন প্রাপ্ত হয়। কালের মহাচক্রে এটা দ্বিতীয় তান হয়ে ওঠে। ফলস্বরূপ সূর্য নতুন আর নির্দিষ্ট প্রভাবের সাথে এক নতুন দিন নিয়ে আসে। এই ক্রম সারাটা বছর ধরে চলতে থাকে। সূর্য রাশি চক্রের এক ভাগ থেকে অন্য ভাগে প্রবেশ করতে 30 দিন সময় নেয়। এটা একই দিকে, অপেক্ষাকৃত ধীর গতিতে চলতে থাকা চক্রের উদাহরণ হয়।

পরিণাম স্বরূপ আকাশীয় মেশিনে পরিবর্তনের সাথে-সাথে পৃথিবীর ওপরে নতুন প্রকারের প্রভাব পড়ে। এই প্রকার বছরের 12 মাস পালা করে সূর্যের 12 রাশিতে অবস্থার ফলস্বরূপ আলাদা-আলাদা ভাবে প্রভাব অনুভব করে। আমি এমনটা মনে করি যে, আজ কোন ব্যক্তি এগুলোর মধ্যে কোন গ্রহের প্রভাবের ব্যাপারে অজানা নন। পাগলদের মস্তিস্কের ওপরে চন্দ্রের প্রভাবের ব্যাপারে আমরা সবাই জানি বা আমরা সবাই কম-বেশী সেই ব্যাপারে শুনেছি। চন্দ্রের প্রভাবে সমুদ্রে জোয়ার-ভাঁটা আসে। গভীর মহাসাগরের জলও চন্দ্রের আকর্ষণের প্রভাবে মাটি থেকে 70 ফুট পর্যন্ত ওপরে উঠে যায়।

বৈজ্ঞানিকেরা এক চমৎকারী আবিস্কার করেছেন যে, চন্দ্রের আকর্ষণে নিরেট পৃথিবীতেও জোয়ার-ভাঁটা আসে। সেই সময় চন্দ্রের মস্তিস্কের প্রভাবের কথা আমরা কি করে বলতে পারি... যেটা জীবনের সূক্ষ্মতম এবং মহানতম রহস্যগুলোর অন্যতম হয়! যদি চন্দ্রের এমন প্রভাব হতে পারে... তাহলে অন্যান্য গ্রহগুলোর কেন হতে পারবে না... যেগুলো আকারে চন্দ্রের থেকে অনেক বড়? এই সম্বন্ধে বিভিন্ন গ্রহের ব্যাসের তুলনা করাটা উচিত হবে ঃ-

গ্রহ	**ব্যাস (মাইল)**
বুধ	2000
চন্দ্র	2100
শুক্র	7510
পৃথিবী	7913
মঙ্গল	4920
বৃহস্পতি	88390
শনি	71900
য়ুরেনাস	33000
নেপচুন	36000
সূর্য	860000

এবার স্বাভাবিক রূপে হয়তো আপনাদের মনে এমন প্রশ্ন উঠছে যে, পৃথিবীবাসীদের ওপরে আকাশের যান্ত্রিক ক্রিয়া বা প্রভাব জানাতে থাকা এই সব সংখ্যার ওপরে কি ভাবে আর কবে পৌঁছনো গেছে?

তথ্য হচেছ এটা যে, সংখ্যাগুলোর গোপন গুরুত্বের রহস্য মনুষ্য সেই সময় জানতে পেরেছিল... যখন সময়ের কোন লিখিত ইতিহাস আমাদের কাছে ছিল

না। এখানে এতটাই বলা পর্যাপ্ত হবে যে, সুদূর অতীতেই এমনটা হয়েছিল। হিন্দু, মিশরী, খালদী বা য়ুনানী – যে সংস্কৃতিই হোক্ না কেন, এই সব সংখ্যার প্রতীক সর্বদা সেটাই থেকে এসেছে আর মাস, বার, ঘন্টা এবং ব্যক্তির সাথে সেটার সম্বন্ধ কম-বেশী এক সমান রয়েছে। যুগ্ম সংখ্যাগুলোর ব্যবহারিক রূপ স্বয়ং আমি প্রদান করেছি... কিন্তু এমনটা আমি দীর্ঘকালীন পরীক্ষা-নিরীক্ষা এবং আমার বহু বছরের অভিজ্ঞতার ভিত্তিতে দিয়েছি। আমরা এটা কোনদিনও জানতে পারব না যে, অতীতে কোন্ সময় সংখ্যাগুলোর প্রভাবের ব্যাপারে জানতে পারা গেছে... কিন্তু সেই প্রচীন বিদ্বানদের কথা না মানার কোন কারণ সেই।

জীবনে সভ্যতার জোরে আমাদের অন্য আরও অনেক কিছু মেনে নিতে বাধ্য হতে হয়... তা আমরা সেগুলোর জম্মকাল বা শুরুর থেকে অজানা থাকলেও। আমরা এই জীবনের মূল জানি না... তবুও আমরা সেটার অস্তিত্বকে স্বীকার করি। সংখ্যাগুলোর মূল স্বয়ং এক রহস্য... কিন্তু আমরা সেটার থেকে কাজ আদায় করতে বাধ্য।

বালজাক বলেছেন – "সেটাকে বাদ দিলে আমাদের সভ্যতার ভবন খণ্ড-খণ্ড হয়ে ভেঙে পড়বে।"

সোলোমনের বক্তব্য অনুসারে – "ঈশ্বর স্বয়ং আমাকে বিশ্বের রচনা, কালের আদি এবং মধ্য, ঋতুগুলোর পরিবর্তন আর গ্রহগুলোর অবস্হান, জীবধারীদের প্রকৃতি এবং মানবের বিচারধারা জানার জন্য অমোঘ জ্ঞান প্রদান করেছেন। আমি যা কিছু গুপ্ত বা প্রকট শিখেছি, সেটা তাঁরই দান... যিনি সমস্ত ভূতের স্রস্টা, তিনিই আমাকে এই বুদ্ধি শিখিয়েছেন।"

এর থেকেও শক্তিশালী বা বিশ্বাসপ্রদ আরও অন্য কোন বক্তব্য কি হতে পারে, বিশেষ করে সেই সময়... যখন আমরা এই জিনিষটার ওপরে দৃষ্টি দিই যে, সোলোমনের সত্যিকারের যন্ত্র 07 মাথাওয়ালা তারাই ছিল... যেটায় আমাদের সমস্ত গণনার ভিত্তিতে 09 সংখ্যা ছিল আর যেটা মানব-জীবনে কাজে আসা সংখ্যা-প্রণালীর মূল হয়! সমস্ত গুপ্ত বিদ্যা এই দিকে সংকেত করে যে, প্রচীন বিদ্বানেরা প্রত্যেক মানবের সৃষ্টিতে তার সংখ্যা দ্বারা বিভূষিত করতেন।

জম্ম আর মৃত্যুর মুহূর্ত দুটোর মধ্যে বছর, দিন আর ঘন্টার এক মালার মত থাকে... যেটাকে 'জীবন' বলা হয়। এমনটা চিন্তা করা অসঙ্গত নয় যে, জীবনের প্রতিটি সূত্রের এক সংখ্যা আর এক স্হান থাকে। আমার এমন দাবী রয়েছে যে, নিজেদের জীবন নিয়ন্তার নিয়ম, প্রণালী এবং ব্যবস্হার অনুরূপ নিজেদের তৈরী করে মনুষ্য আরও বেশী পূর্ণতা প্রাপ্ত করতে পারে। এই জিনিষটার প্রমাণ হচেছ এই যে, প্রচীন বিদ্বানেরা আমাদের সৌরমণ্ডলে শনি ছাড়াও আরও দুটি গ্রহের অবস্হানের ব্যাপারে জানতেন। ওনারা 07 গ্রহের পরেও অন্য আকাশীয় পিণ্ডের কল্পনা করেছিলেন আর সেগুলোর জন্য কক্ষপথও নির্দ্ধারিত করেছিলেন। গ্রহগুলোকে ওনারা ভৌতিক স্বরূপ প্রদান না করে প্রকৃতির মানসিক পক্ষে বিচারধারার নিয়ন্ত্রণকর্তা হিসেবে জানিয়েছিলেন। ওনারা এর প্রভাবের যেমন বর্ণনা করেছেন... সেটা মানব-জীবনের ওপরে সম্প্রতি আবিস্কৃত য়ুরেনাস এবং নেপচুন গ্রহের প্রভাবের সাথে হু-ব-হু মেলে।

❑❑❑

02

মাসের গ্রহাঙ্ক

যদিও মানব-জীবনের সাথে সম্বন্ধিত মূল এবং সংযুক্ত সংখ্যাগুলোর বিশেষ অর্থের ব্যাপারে আলোচনা পরবর্তী অধ্যায়গুলোয় করা হবে... তবুও এখানে এটা জেনে নেওয়াটা অত্যন্ত আবশ্যক যে, মাসগুলোকে বিশিষ্ট সংখ্যা কেন প্রদান করা হয়েছে ?

সৌর বর্ষের সূত্রপাত প্রতি বছর 21 থেকে 23 মার্চ পর্যন্ত বসন্ত সম্পাতে সূর্যের আগমন দ্বারা হয়। সূর্য 30 অংশের প্রতি একটি রাশিতে একের-পর-এক সঞ্চরণ করে চলে রাশি চক্রের পরিক্রমা 365¼ দিনের থেকে কিছুটা কম সময়ে পূর্ণ করে... যেটার দ্বারা আমরা এক বছরকে সাধারণতঃ 365 দিনের মেনে নিই। পৃথিবী 24 ঘন্টায় নিজের কক্ষপথে এক পরিক্রমা লাগাতে পালা করে 12 রাশির ভেতর দিয়ে যায়।

চন্দ্র 28 দিনের চন্দ্র মাসে পৃথিবীর এক পরিক্রমা পুরো করে। এই চমৎকারী কালযন্ত্র ঠিক ঘড়ির ঘন্টা, মিনিট এবং সেকেণ্ডের কাঁটার সমান হয়।

রাশিচক্রের প্রথম রাশি 'সংখ্যা 09-য়ের কাল' বা মেষ রাশির হয়। সূর্য এই রাশিতে 21 মার্চ থেকে 19 এপ্রিল পর্যন্ত অবস্থান করে। এই রাশির স্বামী ভৌতিক (ওজ) মঙ্গল হয়... যার সংখ্যা হচ্ছে 09!

সংখ্যা 06-য়ের কাল বৃষ রাশির হয়। সূর্য এই রাশিতে 20 এপ্রিল থেকে 20 মে পর্যন্ত অবস্থান করে। এই রাশির স্বামী ভৌতিক (ওজ) শুক্র হয়... যার সংখ্যা হচ্ছে 06!

সংখ্যা 05-য়ের কাল মিথুন রাশির হয়। সূর্য এই রাশিতে 21 মে থেকে 20 জুন পর্যন্ত অবস্থান করে। এই রাশির স্বামী ভৌতিক (ওজ) বুধ হয়... যার সংখ্যা হচ্ছে 05!

সংখ্যা 02 এবং 06-য়ের কাল কর্কট রাশির হয়। সূর্য এই রাশিতে 21 জুন থেকে 20 জুলাই পর্যন্ত অবস্থান করে। এই রাশির স্বামী ভৌতিক (ওজ) চন্দ্র হয়... যার সংখ্যা হচ্ছে 02 - 06!

সংখ্যা 01 এবং 04-য়ের কাল সিংহ রাশির হয়। সূর্য এই রাশিতে 21 জুলাই থেকে 20 আগস্ট পর্যন্ত অবস্থান করে। এই রাশির স্বামী ভৌতিক (ওজ) সূর্য হয়... যার সংখ্যা হচ্ছে 01 - 04!

সংখ্যা 05-য়ের দ্বিতীয় কাল কন্যা রাশির হয়। সূর্য এই রাশিতে 21 আগস্ট থেকে 20 সেপ্টেম্বর পর্যন্ত অবস্থান করে। এই রাশির স্বামী মানসিক (সৌম্য) বুধ

হয়... যার সংখ্যা হচ্ছে 05!

সংখ্যা 06-য়ের দ্বিতীয় কাল তুলা রাশির হয়। সূর্য এই রাশিতে 21 সেপ্টেম্বর থেকে 20 অক্টোবর পর্যন্ত অবস্হান করে। এই রাশির স্বামী মানসিক (সৌম্য) শুক্র হয়... যার সংখ্যা হচ্ছে 06!

সংখ্যা 09-য়ের দ্বিতীয় কাল বৃশ্চিক রাশির হয়। সূর্য এই রাশিতে 21 অক্টোবর থেকে 20 নভেম্বর পর্যন্ত অবস্হান করে। এই রাশির স্বামী মানসিক (সৌম্য) মঙ্গল হয়... যার সংখ্যা হচ্ছে 09!

সংখ্যা 03-য়ের কাল ধনু রাশির হয়। সূর্য এই রাশিতে 21 নভেম্বর থেকে 20 ডিসেম্বর পর্যন্ত অবস্হান করে। এই রাশির স্বামী ভৌতিক (ওজ) বৃহস্পতি হয়... যার সংখ্যা হচ্ছে 03!

সংখ্যা 08-য়ের কাল মকর রাশির হয়। সূর্য এই রাশিতে 21 ডিসেম্বর থেকে 20 জানুয়ারী পর্যন্ত অবস্হান করে। এই রাশির স্বামী ভৌতিক (ওজ) শনি হয়... যার সংখ্যা হচ্ছে 08!

সংখ্যা 08-য়ের দ্বিতীয় কাল কুম্ভ রাশির হয়। সূর্য এই রাশিতে 21 জানুয়ারী থেকে 18 ফেব্রুয়ারী পর্যন্ত অবস্হান করে। এই রাশির স্বামী মানসিক (সৌম্য) শনি হয়... যার সংখ্যা হচ্ছে 08!

সংখ্যা 03-য়ের কাল মীন রাশির হয়। সূর্য এই রাশিতে 19 ফেব্রুয়ারী থেকে 20 মার্চ পর্যন্ত অবস্হান করে। এই রাশির স্বামী মানসিক (সৌম্য) বৃহস্পতি হয়... যার সংখ্যা হচ্ছে 03!

এর পরে এই ক্রম আবার এক বার সেই বিন্দু থেকে শুরু হয়ে পড়ে। প্রতিটি রাশির শুরুতে আর শেষে 07 - 07 দিনের সন্ধিকাল থাকে।

এই মেয়াদে মাসের সংখ্যা এবং সেটার গুণ বাকী সময়ের মত প্রভাবশালী থাকে না। তাতে বাকী রাশিগুলোর গুণও মিশে যায়। রাশির স্বামীত্ব অনুসারে গ্রহগুলোর ভৌতিক (ওজ) এবং মানসিক (সৌম্য) গুণও থাকে। ভৌতিক গ্রহ বেশী ভৌতিক এবং শারীরিক গুণের প্রদর্শন করে... যখন কি মানসিক গ্রহ মানসিক গুণের প্রদর্শন করে। উদাহরণ হিসেবে মেষ রাশিতে সংখ্যা 09 মানসিক গুণের প্রতীক ঃ বর্ম ধারণ করা এবং হাতে খোলা তলোয়ার নেওয়া ব্যক্তি। বৃশ্চিক রাশিতে সংখ্যা 09 মানসিক গুণের প্রতীক ঃ তলোয়ার খাপের মধ্যে থাকে... যেটা যোদ্ধার ভৌতিক স্বরূপের পরিবর্তে মানসিক স্বরূপকে প্রকট করে।

সপ্তাহের দিনগুলোর সংখ্যা ঃ

রবিবার	1.4
সোমবার	2.7
মঙ্গলবার	09
বুধবার	05
বৃহস্পতিবার	03
শুক্রবার	06

শনিবার	08

গ্রহগুলোর অনুরূপ সংখ্যা ঃ

সূর্য	01
চন্দ্র	02
বৃহস্পতি	03
য়ুরেনাস	04
বুধ	05
শুক্র	06
নেপচুন	07
শনি	08
মঙ্গল	09

সূর্য আর চন্দ্র – কেবল এই দুটি গ্রহই এমন হয়... যাদের দ্বৈত সংখ্যা এক সমান। সূর্য এবং য়ুরেনাস পরস্পরের সাথে যুক্ত হয়ে থাকার কারণে সূর্যের সংখ্যা এই প্রকার লেখা হয়ে থাকে ঃ 01 - 04! চন্দ্র নেপচুনের সাথে যুক্ত হয়ে রয়েছে আর তার সংখ্যা এই ভাবে লেখা হয় ঃ 02 - 06! এক অত্যন্ত বিচিত্র জিনিষ দৃষ্টি দেওয়ার যোগ্য আর সেটা হচেছ এই যে, 01 - 04 এবং 02 - 06 সংখ্যাগুলোর মধ্যে সহানুভূতি এবং আকর্ষণ দেখতে পাওয়া যায়।

01 - 04 যেমন – 01, 04, 10, 13, 19, 22, 28 এবং 31 তারিখে জন্ম গ্রহণ করা ব্যক্তিরা 02 - 07 যেমন – 02, 07, 11, 16, 20, 25 এবং 29 তারিখে জন্ম গ্রহণ করা ব্যক্তিদের থেকে সহানুভূতি প্রাপ্ত হয় আর এনাদের মধ্যে ভালো বন্ধুত্ব হয়। এমনটাই কর্কট রাশির মেয়াদ 22 জুন থেকে 20 - 27 জুলাই এবং সিংহ রাশির মেয়াদ 21 জুলাই থেকে 20 - 27 আগস্টের মধ্যে জন্ম গ্রহণ করা ব্যক্তিদের ক্ষেত্রেও হয়। সপ্তাহের বারগুলোর সংখ্যা এই প্রকার হয় – রবিবার ঃ 01 - 04, সোমবার ঃ 02 - 07, মঙ্গলবার ঃ 09, বুধবার ঃ 05, বৃহস্পতিবার ঃ 03, শুক্রবার ঃ 06 এবং শনিবার ঃ 08 ! গ্রহগুলোর সংখ্যা এই প্রকার হয় – সূর্য ঃ 01, চন্দ্র ঃ 02, বৃহস্পতি ঃ 03, য়ুরেনাস ঃ 04, বুধ ঃ 05, শুক্র ঃ 06, নেপচুন ঃ 07, শনি ঃ 08 এবং মঙ্গল ঃ 09 !

❑❑❑

03

একক সংখ্যা (01 - 09), অর্থ এবং প্রভাব

এটা এক অবিস্মরণীয় তথ্য যে, সৌরমণ্ডলে 09-টি গ্রহ রয়েছে এবং 09-টিই সংখ্যা রয়েছে... যেগুলোর মাধ্যমে এই পৃথিবীর সকল গণনা হয়। সংখ্যা 09-য়ের পরে বাকী সংখ্যা এই 01 - 09 সংখ্যার পুনরাবৃত্তি মাত্র হয়, যেমন ঃ-

সংখ্যা 10	=	01 + 00	=	সংখ্যা 01
সংখ্যা 11	=	01 + 01	=	সংখ্যা 02
সংখ্যা 12	=	01 + 02	=	সংখ্যা 03
সংখ্যা 13	=	01 + 03	=	সংখ্যা 04

আর এই প্রকার সকল সংখ্যাগুলোকে দেখা যেতে পারে। আর যে কোন উচ্চ সংখ্যা যেমনটাই হোক্ না কেন... সেটা এক সংখ্যায় পরিণত হতে পারে। একেই 'প্রাকৃতিক যোগ' বলা হয়। শেষে বাকী একক সংখ্যাকেই মূল সংখ্যা বলা হয়ে থাকে।

এই অধ্যয়ণের প্রথম পক্ষে কেবল সংখ্যা 09-র ওপরেই বিচার করা হয়। এই সব সংখ্যা (01 - 09)-তে প্রতিটার অর্থ আর প্রকৃতি-প্রভাবের ভিত্তিতেই স্ত্রী-পুরুষের জন্ম তারিখ দ্বারা ব্যক্তির জীবনের গূঢ় রহস্য এবং ভবিষ্যতের ব্যাপারে সম্ভাবনা ব্যক্ত করা হয়।

এজন্য এখানে এই সব সংখ্যার প্রসঙ্গে প্রাপ্ত তথ্যকে সরল রূপে পেশ করার পেছনে আমার উদ্দেশ্য কেবল এই যে, লোকেরা এই সব সংখ্যার গুণগুলোর ব্যাপারে ভালো ভাবে বুঝে নিন আর নিজেদের দৈনন্দিন ক্রিয়া-কলাপে এগুলোর সমুচিত প্রয়োগ করুন।

কোন সংখ্যা আমাদের ক্রিয়া-কলাপকে কেন আর কি ভাবে প্রভাবিত করতে পারে... সেই বিশ্লেষণের গভীরে যাওয়ার বদলে আমি এখানে সরাসরি বিষয়ের ওপরে এসে আপনাদের এটা জানাতে চাই যে, তাঁদের নামাঙ্ক কি হতে পারে আর তাঁরা এই জ্ঞানের উপযোগ কি ভাবে করতে পারেন।

অধ্যয়ণের জন্য এখানে আমাদের কাছে সংখ্যা 01, 02, 03, 04, 05, 06, 07, 08 এবং 09 রয়েছে। এই সব সংখ্যা হচেছ গ্রহ সংখ্যা... যেগুলো সভ্যতার শুরু থেকেই পুরো প্রকৃতি তন্ত্রকে নিয়ন্ত্রিত করে আসছে আর সকল ক্যালোডিয়ন, হিন্দু, মিশরী অথবা হিব্রু ছাত্র-ছাত্রীদের অধ্যয়ণ এবং অনুসন্ধানের বিষয় হয়ে উঠছে।

এই সম্পূর্ণ বিচারের পেছনে গূঢ় রহস্য হচেছ এর স্পন্দনের চমৎকারী নিয়ম। জন্মদিনের সংখ্যা সেই মূল সংখ্যা হয়... যেটা জাতকের গ্রহের সংখ্যা হয় আর এটা

জন্মদিনের সমানই হয়। এটা সেই স্পন্দনের প্রতিনিধিত্ব করে... যেটা সারাটা জীবন ধরে বজায় থাকে। এটা নামাঙ্কের অনুরূপও হতে পারে... আবার সেটার থেকে আলাদাও হতে পারে। এর ব্যাপারে আলোচনা আমরা ব্যক্তি বিশেষের নামাঙ্ক আর তাঁর মূল সংখ্যার বর্ণনা করার সময় করব।

আমরা সর্বপ্রথমে গ্রহ সংখ্যার সাথে প্রতিটি সংখ্যার সম্বন্ধের ওপরে বিচার করব। এই সংখ্যা গ্রহ সংখ্যারই প্রতিনিধিত্ব করে... সেটারই প্রতীক হয়।

❑❑❑

04

সংখ্যা এক (01)

সংখ্যা 01-কে সূর্যের প্রতীক হিসেবে মানা হয়ে থাকে। এটা হচেছ আদি বিন্দু... যেটার দ্বারা বাকী 09 সংখ্যার সৃষ্টি বা রচনা হয়েছে। সমস্ত সংখ্যার মূল আধার '01' হয়। সমস্ত জীবনেরও আধার '01'-ই হয়। এই সংখ্যা রচনাশীল, আবিস্কার প্রিয়, প্রভাবশালী ব্যক্তিত্বের অধিকারী, বিচারধারায় দৃঢ়, কম-বেশী দৃঢ় এবং সংকল্পবান হয়।

এই জিনিষটা যে কোন মাসের 01, 10, 19 এবং 28 তারিখে জন্ম গ্রহণ করা সমস্ত স্ত্রী-পুরুষের ওপরে প্রযোজ্য হয়... কিন্তু 21 জুলাই থেকে 28 আগস্ট পর্যন্ত সিংহ রাশিতে জন্ম গ্রহণ করা অথবা 21 মার্চ থেকে 28 এপ্রিল পর্যন্ত মেষ রাশিতে জন্ম গ্রহণ করা ব্যক্তিদের মধ্যে এটা মুখ্য রূপে দেখতে পাওয়া যায়। সংখ্যা 01-য়ের ব্যক্তি সর্বদাই উচ্চাকাংখী হন। তিনি অন্যদের দ্বারা নিয়ন্ত্রিত হওয়াটা একেবারেই পছন্দ করেন না। তিনি যে কোন পেশাতেই থাকুন না কেন... সর্বদা উন্নতি করে চলেন। এমন ব্যক্তি সব জায়গাতেই প্রমুখ হতে চান। বিভাগীয় অধ্যক্ষের রূপে এমন ব্যক্তি নিজের প্রভাব-প্রতিপত্তি বজায় রাখেন... অধীনস্থ কর্মচারীদের থেকে সম্মান প্রাপ্ত করেন আর তাঁদের দৃষ্টিতে সর্বদাই উচ্চ স্থানে থাকেন। এমন ব্যক্তিদের নিজেদের সব থেকে প্রমুখ আর গুরুত্বপূর্ণ প্ল্যান-প্রোগ্রাম উপরোক্ত তারিখগুলোতে বানানোর চেস্টা করা উচিত।

এমনিতে সংখ্যা 01 ছাড়াও সংখ্যা 02, 04 এবং 07-য়ের ব্যক্তিদের সাথেও তাঁদের ভালো সম্পর্ক স্থাপন হয়, যেমন – 02, 04, 07, 11, 13, 16, 20, 22, 25, 29 এবং 31 তারিখে জন্ম গ্রহণ করা ব্যক্তি। সংখ্যা 01-য়ের ব্যক্তিদের জন্য সব থেকে শুভ রং হয় সোনালী, হলুদ এবং ধূসর রং। এনাদের ভাগ্য-রত্ন হচেছ পোখরাজ, অম্বর, পীত, হীরা এবং এই সব রং-য়ের সকল রত্ন। অম্বর ধারণ করাটা এনাদের পক্ষে বিশেষ শুভ হবে।

সপ্তাহে রবিবার আর সোমবার এনাদের পক্ষে সব থেকে সৌভাগ্যশালী দিন হয়... বিশেষ করে যদি এই দুই বারের তারিখও 01 হয়। এর পরে তারিখ 02, 04 এবং 07 তারিখ শুভ হয়। যদি এই দুই বার (রবিবার এবং সোমবার) 02, 04, 07, 11, 13, 20, 22, 25, 29 এবং 31 তারিখে পড়ে... তাহলে সেটা আরও বেশী শুভ হয়।

সংখ্যা 01-য়ের অধীন জন্ম গ্রহণ করা কিছু প্রমুখ ব্যক্তি

আলেকজাণ্ডার	01 জুলাই

জেমস (প্রথম)	28 জুন
চার্লস (প্রথম)	19 নভেম্বর
জর্জ (প্রথম)	28 মে
জর্জ (দ্বিতীয়)	10 অক্টোবর
ডিউক অফ্ ওয়েলিংটন	01 মে
জেনারেল গ্বার্ডন	28 জানুয়ারী
রাষ্ট্রপতি গারফীল্ড (আমেরিকা)	19 নভেম্বর
জেনারেল বুথ	10 এপ্রিল
ফীল্ড মার্শাল হেগ	19 জুন
ক্যুইন আলেকজেণ্ডা	01 ডিসেম্বর
ফীল্ড মার্শাল লর্ড ফ্রেঞ্চ	28 সেপ্টেম্বর
ডেভিড লিভিংস্টোন	19 মার্চ
লর্ড চার্লস বেয়র্সফোর্ড	10 ফেব্রুয়ারী
এনী বেসেন্ট	01 অক্টোবর
রাষ্ট্রপতি উইলসন	28 ডিসেম্বর
রাষ্ট্রপতি মুনরো	28 এপ্রিল
রাষ্ট্রপতি হুভর	10 আগস্ট
ওরভিল রাইট	19 আগস্ট
হ্যাডিন	19 ফেব্রুয়ারী
শাপিন (সঙ্গীতকার)	01 মার্চ
উইলিয়াম ডীন হোভেল	01 মার্চ
বিসমার্ক	01 এপ্রিল
স্যার আর্নল্ড (লেখক)	10 জুন
রবার্ট বাল (খগোলশাস্ত্রী)	01 জুলাই
জন কেলভিন	10 জুলাই
মেরী এ্যাণ্ডারসন (আমেরিকান অভিনেত্রী)	28 জুলাই
আলেকজাণ্ডার ড্যুমা (লেখক)	28 জুলাই
রাষ্ট্রপতি এ্যাডম্স	19 অক্টোবর
কীরো	01 নভেম্বর
ক্যাপ্টেন কুক (সাহসী পর্যটক)	28 অক্টোবর

দান্তে (ফ্রান্সের রাজ্য-ক্রান্তি)	28 অক্টোবর
গেটে	28 আগস্ট
অলিভার গোল্ডস্মিথ	10 নভেম্বর
ফার্ডিনাণ্ড ডী লিসফ (ইঞ্জিনিয়ার)	19 নভেম্বর
টমাস মুর (আইরিশ কবি)	22 মে
স্যার জর্জ নেপিয়ার	10 আগস্ট
এডগার এলেনপো (কবি)	19 জানুয়ারী
লর্ড রাসেল	10 নভেম্বর
স্যার এইচ. এম. স্ট্যানলী	28 জানুয়ারী
টিবগী	19 সেপ্টেম্বর
রিচার্ড বার্টন	19 নভেম্বর
চার্লস লাফন	01 জুলাই

❑❑❑

05

সংখ্যা দুই (02)

সংখ্যা 02-কে চন্দ্রের প্রতীক হিসেবে মানা হয়ে থাকে। এতে সূর্যের স্ত্রিয়োচিত গুণ মজুদ থাকে। এই কারণে সংখ্যা 01 এবং সংখ্যা 02-য়ের ব্যক্তিরা বিপরীত চরিত্রের হওয়া সত্বেও তাঁদের স্পন্দন এক সমান হয় এবং তাঁদের জুটি সর্বশ্রেষ্ঠ হয়। সংখ্যা 02-য়ের জাতকেরা স্বভাবের দিক থেকে বিনম্র, কল্পনাশীল, কলাত্মক এবং রোমান্টিক হন। সংখ্যা 01-য়ের জাতকদের মত এনারাও আবিস্কারক হন... কিন্তু নিজেদের বিচারধারা স্হাপিত করতে এনারা ততটা দৃঢ় হন না। এনাদের গুণ ভৌতিকের তুলনায় মানসিক বেশী হয়। এনারা সংখ্যা 01-য়ের ব্যক্তিদের মত শারীরিক রূপে ততটা হৃষ্টপুষ্ট হন না। যে কোন মাসের 02, 11, 20 বা 29 তারিখে জন্ম গ্রহণ করা ব্যক্তিদের মধ্যে সংখ্যা 02-য়ের গুণ দেখতে পাওয়া যায়।

কিন্তু যদি তাঁরা কর্কট রাশিতে অর্থাৎ 20 জুন থেকে 27 জুলাই-য়ের মধ্যে জন্ম গ্রহণ করেন... তাহলে তাঁদের মধ্যে এই গুণ বেশী মাত্রায় দেখতে পাওয়া যায়। সংখ্যা 02-য়ের জাতকদের সংখ্যা 07-য়ের জাতকদের সাথেও ভালো বন্ধুত্ব হয়... কিন্তু সংখ্যা 01-য়ের জাতকদের থেকে কম। সংখ্যা 02-য়ের উপরোক্ত তারিখে, বিশেষ করে 20 জুন থেকে 27 জুলাই-য়ের মধ্যে নিজেদের কাজ সেরে নেওয়া উচিত। এই সব জাতকদের অস্হিরতা এবং নিজেদের প্ল্যান-প্রোগ্রাম আর বিচারধারায় অস্হিরতা এবং আত্মবিশ্বাসের অভাব থেকে দূরে সরে থাকা উচিত। এমন জাতকেরা অত্যন্ত সংবেদনশীল প্রবৃত্তির হন। সুখকর পরিবেশ প্রাপ্ত না হলে এনারা অত্যন্ত দ্রুত নিরাশ এবং উদাস হয়ে ওঠেন।

এনাদের জন্য সৌভাগ্যশালী রং হচ্ছে সবুজ, হরিদ্রাভ এবং সাদা। যথাসম্ভব গাঢ়... মুখ্য রূপে কালো, বেগুনী, লাল রং এড়িয়ে চলা উচিত। এনাদের ভাগ্য-রত্ন হচ্ছে মুক্তা, চন্দ্রমণি আর হরিদ্রাভ সবুজ রত্ন। এমন লোকেদের জন্য অত্যধিক ভাগ্যশালী বার হচ্ছে রবিবার, সোমবার এবং শুক্রবার। যদি এই বারগুলোর সংখ্যা 01, 02, 04, 07 হয়... তাহলে সেটা আরও বেশী শুভ হয়।

সংখ্যা 02-য়ের অধীন জন্ম গ্রহণ করা কিছু প্রমুখ ব্যক্তি

থমাস শেরটঙ্গ (শিশু কবি)	20 নভেম্বর
স্টেনবর্গ	29 জানুয়ারী
মেরী এন্টীওনে (ফ্রান্সের সম্রাজ্ঞী)	02 নভেম্বর
গ্ল্যাডস্টন	29 ডিসেম্বর

রোমানিয়ার রানী এলিজাবেথ (মহিলা কবি)	29 ডিসেম্বর
নেপোলিয়ন (তৃতীয়)	20 এপ্রিল
ভিক্টর এম্যানুয়েল (তৃতীয়)	11 নভেম্বর
এডিসন	11 ফেব্রুয়ারী
লর্ড কার্জন	11 জানুয়ারী
ইবসন	20 মার্চ
চার্লস (দ্বিতীয়)	29 মে
থমাস হার্ডী	02 জুন
রাস্ট্রপতি এ্যাডমস (আমেরিকা)	11 জুলাই
রাস্ট্রপতি হার্ডী (আমেরিকা)	02 নভেম্বর
হেন্‌রী জর্জ (লেখক)	02 সেপ্টেম্বর
য়ুজীন ফীল্ড (কবি)	02 সেপ্টেম্বর
জোসেফ জেফারসন	20 ফেব্রুয়ারী
পোপ লিও (ত্রয়োদশ)	02 মার্চ
পোপ (দশম)	02 জুন
বব হোপ	29 মে
সোফিয়া লোরেন	20 সেপ্টেম্বর
হ্যারল্ড উইলসন	11 মার্চ

❑❑❑

06

সংখ্যা তিন (03)

সংখ্যা 03 বৃহস্পতি গ্রহের পরিচায়ক হয়। জ্যোতিষ এবং সংখ্যা বিদ্যা – দুটোতেই এই গ্রহের গুরুত্বপূর্ণ ভূমিকা রয়েছে। এর এই সিরিজের প্রতি তৃতীয় সংখ্যা, যেমন – 03, 06, 09-য়ের সাথে প্রমুখ সম্বন্ধ রয়েছে। এই সব সংখ্যার জাতকদের একে-অপরের প্রতি সহানুভূতি থাকে। কোন মাসের 03, 12, 21 বা 30 তারিখে জন্ম গ্রহণ করা ব্যক্তিদের মধ্যে সংখ্যা 03-য়ের গুণ দেখতে পাওয়া যায়। জাতক যদি 19 ফেব্রুয়ারী থেকে 20 - 27 মার্চের মধ্যে জন্ম গ্রহণ করেন... তাহলে এই গুণগুলোয় আরও বেশী চমক এসে পড়ে। সংখ্যা 01-য়ের জাতকদের মত সংখ্যা 03-য়ের জাতকেরাও অত্যন্ত উচ্চাকাংখী হন। কারও অধীনে কাজ করাটা এনাদের একেবারেই পছন্দ হয় না। এনাদের উদ্দেশ্য জীবনে উঁচুতে ওঠা এবং অন্য লোকেদের ওপরে নিয়ন্ত্রণ আর অধিকার হাসিল করা হয়।

এনারা আদেশ ভালোমতন পালন করেন... সমস্ত স্থানে ব্যবস্থা আর অনুশাসন বজায় রাখা পছন্দ করেন... নিজেরা আদেশের পালন করেন আর নিজের বন্ধু-বান্ধবদেরও আদেশ পালন করার জন্য প্রেরিত করেন। সংখ্যা 03-য়ের জাতকেরা কোন ব্যবসার বা কোন ক্ষেত্রের উচ্চতম পদে পৌঁছে যান। এনারা প্রায়ই সেনাবাহিনী, নৌ-সেনা, সরকার এবং সাধারণ জীবনে মুখ্য রূপে বিশ্বাসী আর দায়িত্বশীল পদগুলোয় নিজেদের শ্রেষ্ঠত্বের প্রদর্শন করেন। এনারা নিজেদের কর্তব্য পালনে অত্যন্ত সতর্ক থাকেন। এনাদের দোষ হচ্ছে এনাদের মধ্যে দেখতে পাওয়া একনায়কত্ব প্রবৃত্তি। এনারা নিজেরাই নিয়ম বানান আর নিজেদের বিচারধারার পরিপালনের ওপরে জোর দেন। এনারা ঝগড়ুটে স্বভাবের না হওয়া সত্ত্বেও বেশ কিছু শত্রু বানিয়ে নেন।

এমন ব্যক্তিরা অত্যন্ত অহংকারী হন... অন্যদের থেকে উপকার গ্রহণ করাটা এনারা ঠিক বলে মনে করেন না। এনারা অত্যন্ত স্বাধীন চিন্তাধারার ব্যক্তি হন আর কিন্দুমাত্র নিয়ন্ত্রণেই এনারা বিগড়ে ওঠেন। সংখ্যা 03-য়ের জাতকদের 03, 12, 21 এবং 30 তারিখে নিজেদের প্ল্যান-প্রোগ্রাম আর লক্ষ্য বানানোর চেষ্টা করা উচিত। যদি এই সব তারিখ 19 ফেব্রুয়ারী থেকে 20 - 27 মার্চের মধ্যে হয় বা 21 নভেম্বর থেকে 20 - 27 ডিসেম্বরের মধ্যে হয়... তাহলে আরও ভালো হয়।

বৃহস্পতিবার, শুক্রবার আর মঙ্গলবার এনাদের পক্ষে শুভ হয়। এই সব বারের মধ্যে বৃহস্পতিবার বেশী গুরুত্বপূর্ণ হয়। যদি বৃহস্পতিবার উপরোক্ত তারিখগুলোয় পড়ে... তাহলে সেটা বিশেষ রূপে শুভ হয়। 06, 09, 15, 18, 24 আর 27 তারিখও এনাদের পক্ষে ঠিকই থাকে।

এনাদের জন্য ভাগ্যশালী রং হচ্ছে বেগুনী আর গাঢ় লাল। নীল, লাল আর গোলাপী রং-ও এনাদের পক্ষে প্রভাবশালী হয়... কিন্তু কিছুটা কম। এনাদের ভাগ্য-রত্ন হচ্ছে এ্যামেথিস্ট। এনাদের পক্ষে সৌভাগ্যশালী বার হচ্ছে বৃহস্পতিবার, শুক্রবার আর মঙ্গলবার। এই সব বারের মধ্যে বৃহস্পতিবার সব থেকে বেশী গুরুত্বপূর্ণ হয়। এই সব বারগুলোর তারিখও যদি 03, 06 বা 09 হয়... তাহলে আরও ভালো হয়। সংখ্যা 03-য়ের জাতকদের সাথে সংখ্যা 03, 06, 09-য়ের জাতকদের সাথে খুব ভালো বন্ধুত্ব হয়।

সংখ্যা 03-য়ের অধীন জন্ম গ্রহণ করা কিছু প্রমুখ ব্যক্তি

কিং জর্জ (পঞ্চম)	03 জুন
রাজা ফ্রেডরিক (জার্মানীর রাজা)	21 নভেম্বর
লর্ড রাসেল	12 আগস্ট
আব্রাহাম লিঙ্কন	12 ফেব্রুয়ারী
উইন্সস্টন চার্চিল	30 নভেম্বর
ফীল্ড মার্শাল রবার্ট	30 সেপ্টেম্বর
আলফ্রেড অস্টিন	30 মে
রুডইয়ার্ড কিপলিং	30 ডিসেম্বর
মার্শাল স্ট্যালিন	21 ডিসেম্বর
ডারউইন	12 ফেব্রুয়ারী
ওয়াল্টেয়র	21 নভেম্বর
র‍্যামসে ম্যাকডোনাল্ড	12 অক্টোবর
আব্দুল গমাল নাসর	21 জানুয়ারী
জেনারেল মানেকশ'	03 এপ্রিল
হেন্‌রী মুর	30 জুলাই
ডাঃ রাজেন্দ্র প্রসাদ	30 ডিসেম্বর
স্বামী বিবেকানন্দ	12 জানুয়ারী
কার্ডিনাল ন্যুম্যান	21 ফেব্রুয়ারী

❑❑❑

07

সংখ্যা চার (04)

সংখ্যা 04 য়ুরেনাস গ্রহের পরিচায়ক হয়। একে সূর্যের সংখ্যা 01-য়ের সাথে সম্বন্ধিত মনে করা হয়। সংখ্যা বিদ্যায় একে 04 - 01-য়ের মত লেখা হয়। সংখ্যা 04-য়ের জাতকদের এক নিজস্ব পরিচয় থাকে। তিনি প্রতিটি জিনিষকে অন্য লোকেদের থেকে ভিন্ন দৃষ্টিকোণ থেকে দেখেন অর্থাৎ উল্টো। বাদ-বিবাদে তিনি সর্বদাই বিরোধিতায় বক্তব্য রাখেন আর নিজের অজান্তেই শত্রু তৈরী করে নেন। ওনার বিবেকের সামনে যা কিছু আসে... সেটাকে তিনি নিজের প্রবৃত্তি দ্বারা আলাদা দৃষ্টিকোণ থেকে দেখেন। এনাদের মধ্যে আইন-কানুনের প্রতি বিরোধিতার প্রবৃত্তি থাকে।

এনাদের প্রভাব-প্রতিপত্তি চললে এনারা সমাজ এবং সরকারেও সব কিছু বদলে দেবেন। এনারা প্রায়ই সাংবৈধানিক শাসন ক্ষমতার প্রতি বিদ্রোহ প্রকট করেন আর ঘরোয়া বা সার্বজনিক জীবনে নতুন আইন-কানুন চালান। এনাদের মধ্যে সামাজিক সমস্যা এবং সমস্ত প্রকারের সংশোধনের প্রতি আগ্রহ থাকে। এনারা নিজেদের বিচারধারা আর মতাদর্শে অত্যন্ত দৃঢ় এবং পরম্পরা থেকে আলাদা হন। 04, 13, 22 এবং 31 তারিখে জন্ম গ্রহণ করা ব্যক্তিদের মধ্যে সংখ্যা 04-য়ের গুণ দেখতে পাওয়া যায়। জাতক যদি সিংহ আর কর্কট রাশিতে অর্থাৎ 20 জুন থেকে 20 - 27 আগস্টের মধ্যে জন্ম গ্রহণ করেন... তাহলে তাঁর ব্যক্তিত্বে আরও বেশী চমক এসে পড়ে।

সংখ্যা 04-য়ের জাতকেরা সহজে বন্ধু বানান না। 01, 02, 07 এবং 08 সংখ্যার প্রভাবে জন্ম গ্রহণ করা ব্যক্তিদের প্রতি এনাদের মধ্যে বেশী আকর্ষণ থাকে। অন্য সংখ্যার জাতকদের তুলনায় এনারা সাংসারিক মামলায় খুব কমই সফল হন। এনারা বেশীর ভাগ ক্ষেত্রে অর্থ সংগ্রহের প্রতি উদাসীন হয়ে থাকেন। এনারা যদি ধনবান হয়ে ওঠেন বা এনাদের যদি কোন কোন জায়গা থেকে ধন প্রাপ্ত হয়ে পড়ে... তাহলে এনারা সেই ধন ব্যবহারের পদ্ধতি দ্বারা সবাইকে চমকে দেন। এনাদের নিজেদের সকল প্ল্যান-প্রোগ্রাম 04 সংখ্যার তারিখে বানানো উচিত, যেমন – 04, 13, 22, 31 তারিখ। এই সব তারিখগুলো যদি 21 জুন থেকে 20 - 27 আগস্টের মধ্যে পড়ে... তাহলে আরও ভালো হয়।

এনাদের মুখ্য দোষ এটা হয় যে, এনারা অত্যন্ত সংবেদনশীল এবং ভাবুক হন। এনাদের ভাবনায় খুব তাড়াতাড়ি আঘাত লাগে। এনারা নিজেদের একাকী অনুভব করতে লাগেন আর যদি জীবনে সফলতা প্রাপ্ত না হয়... তাহলে এনারা অত্যন্ত বেশী নিরাশ আর উদাস হয়ে ওঠেন। সাধারণতঃ এনাদের সৎ মিত্রের সংখ্যা খুব

কমই থাকে... কিন্তু যে ক'জন মিত্র থাকেন, তাঁরা এনাদের জন্য পুরোপুরি প্রস্তুত আর সমর্পিত হয়ে থাকেন। বাদ-বিবাদে এনারা সর্বদা পেছিয়ে থাকা লোকেদের বা নিজেদের উদ্দেশ্যের পক্ষ গ্রহণ করেন।

এনাদের পক্ষে সৌভাগ্যশালী রং ধূসর হয়। ধূসর-নীল বা স্লেটী রং এনাদের সব থেকে বেশী ভালো লাগে। এনাদের ভাগ্য-রত্ন হচেছ হাল্কা বা গাঢ় নীল। এনাদের পক্ষে ভাগ্যশালী বার হচেছ শনিবার, রবিবার আর সোমবার। মুখ্য রূপে যখন এই সব বারগুলো 04 তারিখে পড়ে। এর পরে 01, 02, 07 তারিখের বারগুলো অনুকূল হয়।

সংখ্যা 04-য়ের অধীন জন্ম গ্রহণ করা কিছু প্রমুখ ব্যক্তি

জর্জ ওয়াশিংটন	22 ফেব্রুয়ারী
লর্ড বায়রন	22 জানুয়ারী
জর্জ ইলিয়ট	22 নভেম্বর
থমাস কারলাইল	04 ডিসেম্বর
হল্যাণ্ডের রানী	31 আগস্ট
ফারাডে	22 অক্টোবর
প্রিন্স চার্লি	31 ডিসেম্বর
ফ্রান্সিস বেকন	22 জানুয়ারী
থমাস হাক্সলে	04 মে
জেমস রাসেল লাভেল	22 ফেব্রুয়ারী
আর্থার কোনান ডয়েল	22 মে
জর্জ (তৃতীয়)	04 জুন
জুলিয়স হার্থো	22 জুন
আর্ক বিশপ কোরীগন	13 আগস্ট
ভূ. সু. আবুল হমীদ	22 সেপ্টেম্বর
এম্যানুয়েল কান্ট	22 এপ্রিল
আইজাক পিটম্যান	04 জানুয়ারী
পোপ (নবম)	13 মে
রিচার্ড ব্যাগনর	22 মে
লরেন্স অলিভার	22 মে
হ্যামিল্টন হটী	04 ডিসেম্বর
মারিয়া	04 ডিসেম্বর
স্যার আর্থার সুলিভান	13 মে

❑❑❑

08

সংখ্যা পাঁচ (05)

সংখ্যা 05-য়ের পরিচায়ক এবং গ্রহস্বামী হচেছ বুধ। এর প্রমুখতা হচেছ সদাবাহার আর কল্পনার জগতে উড়ে চলা। যে কোন মাসের 05, 14 এবং 23 তারিখে জন্ম গ্রহণ করা ব্যক্তিদের মধ্যে সংখ্যা 05-য়ের গুণ দেখতে পাওয়া যায়। কন্যা রাশিতে 21 আগস্ট থেকে 20 - 27 সেপ্টেম্বরের মধ্যে এবং মিথুন রাশিতে 21 মে থেকে 20 - 27 জুনের মধ্যে এই তারিখগুলো পড়লে এই গুণের চমক আরও বেড়ে ওঠে। সংখ্যা 05-য়ের জাতকেরা খুব সহজে বন্ধু বানিয়ে নেন। প্রায়ই অন্য যে কোন সংখ্যার জাতকদের সাথে এনাদের খুব ভালো সম্পর্ক তৈরী হয়ে পড়ে... কিন্তু এনাদের ভালো বন্ধু হন যে কোন মাসের 05, 14 এবং 23 তারিখে জন্ম গ্রহণ করা ব্যক্তিরা। এনারা স্বভাবের দিক থেকে অত্যন্ত ভাবুক হন। এনারা সর্বদা মানসিক চাপের মধ্যে জীবন কাটান আর উত্তেজনায় ধৈর্য্য হারিয়ে ফেলেন। এনারা যে কোন ব্যাপারে খুব তাড়াতাড়ি ফয়সালা নিয়ে নেন আর যে কোন কাজ অতি উৎসাহে করতে শুরু করে দেন।

সংখ্যা 05-য়ের জাতকেরা গতিযুক্ত কাজের প্রতি ঘৃণার ভাব পোষণ করেন। এমন লোকেরা যে কোন ব্যাপারে খুব শীঘ্র বিচার করে নেন এবং নির্ণয়ও শীঘ্র নিয়ে নেন। এনারা সকল কাজের প্রতি তো উতলা হয়ে থাকেন... কিন্তু খোঁজ-খবর নেওয়া কোন কাজ অর্থাৎ যেসব কাজে খুব বেশী সময় লাগে... সেসব কাজ পছন্দ করেন না। এনারা স্বভাবতঃ দ্রুত ধন একত্রিত করার উপায় গ্রহণ করতে লাগেন। এনাদের মধ্যে নতুন-নতুন পদ্ধতিতে ধন-সম্পত্তি একত্রিত করার বুদ্ধি থাকে। এক কথায় বলতে গেলে, এনারা জন্মজাত জুয়ারী হন। এনারা স্টক এক্সচেঞ্জের লেন-দেনের কাজের সাথে পূর্ণ রূপে পরিচিত থাকেন আর এনাদের মধ্যে ব্যবসা সম্বন্ধীয় ঝুঁকি ওঠানোর ইচছাও প্রবল রূপে বজায় থাকে।

এনাদের ওপরে কোন কিছুর প্রভাব বেশী সময় পর্যন্ত বজায় থাকে না। ভাগ্যের মার এনাদের চরিত্রের ওপরে কোন প্রভাব বা চিহ্ন ছেড়ে যায় না। এনারা যদি ভালো থাকেন... তাহলে খুবই ভালো। কিন্তু এক বার বিগড়ে গেলে গোটা দুনিয়ার উপদেশও এনাদের নিজেদের পথ থেকে সরাতে পারবে না। এনাদের নিজেদের সমস্ত প্ল্যান-প্রোগ্রাম এবং লক্ষ্য 05, 14 এবং 23 তারিখে বানানো উচিত। এই সব তারিখগুলোর সাথে 'সংখ্যা 05-য়ের কাল' অর্থাৎ 21 মে থেকে 20 - 27 জুন এবং 21 আগস্ট থেকে 20 - 27 সেপ্টেম্বর পর্যন্ত সময় যুক্ত হলে সেটা আরও ভালো হয়।

সংখ্যা 05-য়ের জাতকদের সব থেকে বড় দোষ এটা থাকে যে, এনারা নিজেদের

মানসিক রূপে এতটা ক্লান্ত করে তোলেন যে, এনারা প্রায়ই স্নায়বিক সমস্যার শিকার হয়ে পড়েন। অল্প মানসিক চাপেও এনারা অত্যন্ত দ্রুত ভেঙে পড়েন আর ক্ষেপে ওঠেন। এনাদের সৌভাগ্যশালী রং হচ্ছে হাল্কা স্লেটী, সাদা আর চমকালো রং। এমনিতে এনাদের সকল প্রকারের রং-ই ভালো লাগে। এনাদের গাঢ় রং যতটা সম্ভব কম ধারণ করা উচিত। এনাদের ভাগ্য-রত্ন হচ্ছে হীরা এবং সকল চমকালো রত্ন। এনাদের প্ল্যাটিনাম বা রূপোর অলংকার উপযোগী হয়। এনাদের পক্ষে ভাগ্যশালী বার হচ্ছে বুধবার বা শুক্রবার। মুখ্য রূপে যদি সেই সব দিনগুলোর তারিখও 05 হয়... তাহলে সেটা আরও ভালো হয়।

সংখ্যা 05-য়ের অধীন জন্ম গ্রহণ করা কিছু প্রমুখ ব্যক্তি

সেন্ট লুই (ফ্রান্স)	23 মে
কিং জর্জ (ষষ্ঠ)	14 ডিসেম্বর
ডিউক অফ্ উইণ্ডসর	23 জুন
স্যামুয়েল পপী	23 ফেব্রুয়ারী
লর্ড লীস্টর	05 এপ্রিল
শেক্সপীয়র	23 এপ্রিল
টমাস হুড	23 মে
কার্ল মার্ক্স	05 মে
আইন্সস্টাইন	14 মার্চ
যুগল কিশোর বিড়লা	23 মে
লোকমান্য তিলক	14 জানুয়ারী
সি. ডি. দেশমুখ	23 জুলাই
আইজন হাভর	14 অক্টোবর
কার্ডিনাল রিশেল্যু	05 সেপ্টেম্বর
স্যার গিলবার্ট পার্কার (লেখক)	23 নভেম্বর
জোসেফীন (ফ্রান্সের মহারানী)	23 জুন
ফারেনহাইট (আবিস্কারক)	14 মে
মেসমরা	23 মে
বেনেডিক্ট আর্নল্ড	14 জানুয়ারী
এরার্ড	05 এপ্রিল
ট্যালীর‍্যাণ্ড	14 ফেব্রুয়ারী
নীল আর্মস্ট্রং	05 আগস্ট

❑❑❑

09

সংখ্যা ছয় (06)

সংখ্যা 06 শুক্রবারের পরিচায়ক হয়। যে কোন মাসের 06, 15 এবং 24 তারিখে জন্ম গ্রহণ করা ব্যক্তিদের মধ্যে সংখ্যা 06-য়ের গুণ দেখতে পাওয়া যায়। 20 এপ্রিল থেকে 20 - 27 মে বৃষ রাশি এবং 21 সেপ্টেম্বর থেকে 20 - 27 অক্টোবর তুলা রাশির সময়ে জন্ম গ্রহণ করলে এই সব গুণে আরও বেশী চমকের সৃষ্টি হয়। সংখ্যা 06-য়ের বেশীর ভাগ জাতক অত্যধিক মোহময়ী হন এবং এনারা অন্যদের সহজেই নিজেদের প্রতি আকৃষ্ট করে নেন। এনাদের অধীনস্থ লোকেরা এনাদের প্রতি প্রেম ভাব পোষণ করেন আর প্রায়ই এনাদের উপাসক হয়ে ওঠেন। এনাদের মধ্যে নিজেদের প্ল্যান-প্রোগ্রাম পূর্ণ করার দৃঢ় নিশ্চয়তা থাকে। এনারা অত্যন্ত জেদী প্রকৃতির হন আর কারও চাপের কাছে নতি স্বীকার করেন না। কিন্তু এনারা কাউকে এক বার ভালবাসলে তাঁর দাস পর্যন্ত হয়ে ওঠেন। এনারা শুক্র গ্রহের ছত্রছায়ায় থাকেন... তবুও এনাদের ভেতরে বাসনার থেকে বেশী বাৎসল্যের ভাবনা পরিলক্ষিত হয়।

প্রেমের সমস্ত ক্রিয়া-কলাপে এনারা রোমান্টিক আর আদর্শবাদী হন। এনাদের মধ্যে শুক্রের কিছু গুণ অত্যন্ত বেশী মাত্রায় থাকে, যেমন – এনারা সুন্দর জিনিষ ভালবাসেন... এনাদের বাড়ী-ঘর অত্যন্ত কলাত্মক হয়... এনারা গাঢ় রং, চিত্র এবং সঙ্গীতের প্রেমিক হন। ধনবান হয়ে উঠলে এনারা আর্ট আর শিল্পীদের জন্য উদার হস্ত হয়ে ওঠেন। এনাদের বন্ধুদের সৎকার করা আর নিজের কাছের প্রতিটি ব্যক্তিকে খুশী রাখতে ভালো লাগে।

যদিও সংখ্যা 06-য়ের জাতকেরা শুক্র গ্রহ দ্বারা প্রভাবিত হন আর শুক্রই এনাদের গ্রহস্বামী হয়... তবুও এনারা কাউকে ইন্দ্রিয়-ভোগ সুখ ছাড়াই মায়ের মত প্রেম করতে লাগেন। প্রেমের সকল প্রকারের মামলায় এনাদের রোমান্টিক আর আদর্শ হিসেবে মনে করা হয়। এনাদের মধ্যে শুক্রের গুণ প্রখর রূপে দেখতে পাওয়া যায়। এজন্য এনারা সকল সুন্দর বস্তুর প্রতি প্রেম করেন... এনাদের বাড়ী-ঘর অত্যন্ত আকর্ষক রূপে সাজানো থাকে এবং এনাদের মধ্যে গাঢ় রং, চিত্রকলা আর সঙ্গীতের প্রতি প্রেম থাকে।

ধনী হয়ে উঠলে সংখ্যা 06-য়ের জাতকেরা আর্ট আর শিল্পীদের জন্য উদার হস্তে টাকা-পয়সা খরচ করেন। এনারা নিজেদের বন্ধুদের স্বাগত-সৎকার আর আতিথেয়তার জন্য সর্বদাই প্রস্তুত হয়ে থাকেন... কিন্তু এনারা ঈর্ষা বা অবমাননা কখনোই সহ্য করতে পারেন না।

এনারা মতভেদ এবং ঈর্ষা সহ্য করতে পারেন না। এনারা রেগে উঠলে কোন বিরোধের চিন্তা করেন না আর নিজের সাথী, উদ্দেশ্য বা কর্তব্য-পালনের জন্য শেষ পর্যন্ত লড়াই চালিয়ে যান। এনারা বন্ধুত্ব স্থাপন করার ক্ষেত্রে বেশী বুদ্ধিমত্তার

পরিচয় দেন। এমন লোকেদের জন্ম তারিখ যদি কোন মাসের 03, 06 বা 09 তারিখে হয়... তাহলে আরও ভালো হয়।

এনাদের সৌভাগ্যশালী রং হচেছ হাল্কা থেকে গাঢ় নীল। গোলাপী আর লাল রং-ও এনাদের পক্ষে ভালো হয়। কিন্তু এনাদের কখনো কালো বা খয়েরী রং ধারণ করা উচিত নয়। এনাদের ভাগ্য-রত্ন হচেছ ফিরোজা। পান্নাও এনাদের পক্ষে শুভ হয়। এনাদের পক্ষে ভাগ্যশালী বার হচেছ মঙ্গলবার, বৃহস্পতিবার আর শুক্রবার... মুখ্য রূপে যদি এই সব বারগুলোর তারিখ 03, 06, 09, 12, 15, 18, 21, 24, 27 এবং 30 হয়। এনাদের নিজেদের সব প্ল্যান-প্রোগ্রাম মাসের 06, 15 বা 24 তারিখে বানানোর চেস্টা করা উচিত। প্রমুখ রূপে যদি এই তারিখগুলো 'সংখ্যা 06-য়ের কাল' অর্থাৎ 20 এপ্রিল থেকে 20 - 27 মে এবং 21 সেপ্টেম্বর থেকে 20 - 27 অক্টোবরের মধ্যে পড়ে।

সংখ্যা 06-য়ের অধীন জন্ম গ্রহণ করা কিছু প্রমুখ ব্যক্তি

ভিক্টোরিয়া	24 মে
নেপোলিয়ন (প্রথম)	15 আগস্ট
ফ্রেডরিক মহান	24 জানুয়ারী
জর্জ (তৃতীয়)	24 মে
হেন্‌রী (ষষ্ঠ)	06 ডিসেম্বর
অলিভার ক্রমওয়েল	24 এপ্রিল
জোয়ান অফ্ আর্ক	06 জানুয়ারী
রাস্ট্রপতি টাফ্‌ট (আমেরিকা)	15 সেপ্টেম্বর
স্যার ওয়াল্টার স্কট	06 ডিসেম্বর
স্যার হেন্‌রী ইরউইন	06 ফেব্রুয়ারী
মাইকেল এঞ্জেলো	06 মার্চ
রাস্ট্রপতি ডিয়াজ	15 সেপ্টেম্বর
এলিজাবেথ ব্রাউনিং	06 মার্চ
স্যার উইলিয়াম ইরোলে	15 নভেম্বর
ওয়ারেন হেস্টিংস	06 ডিসেম্বর
কিং জর্জ (প্রথম)	24 ডিসেম্বর
জন কেমস্	24 নভেম্বর
মোলিয়র	15 জানুয়ারী
ম্যাক্স মুলর	06 ডিসেম্বর
ড্যানিয়েল ও' কমবল	06 আগস্ট
রেম্ব্রাঁ	15 জুলাই
আলফ্রেড টেনিসন	06 আগস্ট
জর্জ ওয়াশিংটন (আবিস্কারক)	06 অক্টোবর
এ্যাডমিরাল পেরী	06 মে
গামল নাসর	15 জানুয়ারী
আলেকজাণ্ডার ফ্লেমিং	06 আগস্ট

❑❑❑

10

সংখ্যা সাত (07)

সংখ্যা 07 নেপচুন গ্রহের পরিচায়ক হয়। যে কোন মাসের 07, 16 এবং 25 তারিখে জন্ম গ্রহণ করা ব্যক্তিরা সংখ্যা 07-য়ের প্রভাবে থাকেন এবং তাঁরা স্বাধীন আর মৌলিক বিচারধারার ব্যক্তি হন। এনাদের ব্যক্তিত্ব অত্যন্ত বিশিষ্ট হয়। যদি এই তারিখগুলো 21 জুন থেকে 20 - 27 জুলাই-য়ের মধ্যে কর্কট রাশিতে হয়... তাহলে সেটার প্রভাব আরও বেশী উন্নত হয়ে ওঠে। নেপচুনকে সর্বদা চন্দ্রের সাথে সম্বন্ধিত মানা হয়ে থাকে। চন্দ্রের সংখ্যা 02 হয়... এজন্য সংখ্যা 07-য়ের জাতকদের জন্য সংখ্যা 02 সহায়ক সংখ্যার কাজ করে আর সংখ্যা 02-য়ের জাতকদের সাথে এনাদের খুব ভালো বন্ধুত্বের সৃষ্টি হয়। যদি সাধন থাকে... তাহলে এনারা বিদেশ সফরও করেন আর এনারা সুদূর দেশগুলোর প্রতি গভীর আগ্রহ দেখান।

এনাদের পরিবর্তন আর সফর ইত্যাদি কাজ বিশেষ রূপে পছন্দ হয়। এমন ব্যক্তিরা স্বভাবতঃ অস্থির অথবা উগ্র হয়ে থাকেন। এনারা যদি বিদেশ সফরের মাধ্যমে নিজেদের ইচ্ছা পূরণ করার সুযোগ পান... তাহলে বিদেশ-সম্বন্ধীয় কাজগুলোর প্রতি এনাদের মধ্যে বিশেষ আগ্রহের সৃষ্টি হয়ে পড়ে। এনারা সফরে পুস্তক পড়তেও ভালবাসেন। এই প্রকারের অধ্যয়ণ দ্বারা এনাদের বিশ্বের অনেক ব্যাপারে তথ্য প্রাপ্ত হয়ে পড়ে।

এমন লোকেরা প্রায়ই অত্যন্ত ভালো লেখক, চিত্রকার বা কবি হন। কিন্তু একটা জিনিষ আছে – দেরীতে হলেও এনাদের সকল কাজে এক প্রকারের বিশেষ দার্শনিক ঝলক দেখতে পাওয়া যায়। ভৌতিক জিনিষের পরোয়া এনারা একটু কমই করেন। এনারা সর্বদাই নিজেদের মৌলিক বিচারধারা বা ব্যবসার নতুন পদ্ধতির মধ্যে হারিয়ে থাকেন আর ধার্মিক সংস্থাগুলোকে দান-পুণ্য করতে থাকেন। সংখ্যা 07-য়ের মহিলাদের বিবাহ প্রায় ক্ষেত্রেই বড় পরিবারে হয়। তাঁদের সর্বদাই ভবিষ্যতের চিন্তা লেগে থাকে। এনারা এমনটা অনুভব করেন যে, ভাগ্যের মার সহ্য করার জন্য মজবুত পাথরের আবশ্যকতা পড়তে পারে। সংখ্যা 07-য়ের জাতকেরা প্রায়ই বিদেশে ব্যবসা, আমদানী-রপ্তানীর ব্যবসা করতে থাকেন অথবা সুযোগ পেলে জাহাজের মালিক বা ক্যাপ্টেনও হয়ে ওঠেন। ধার্মিক বিষয়ে এনাদের বিশেষ চিন্তাধারা থাকে। এনারা পুরোন মান্যতাকে পছন্দ করেন না... ধর্মের প্রতি এনাদের নিজস্ব এক দৃষ্টিকোণ থাকে। এমনটা বলা যেতে পারে যে, এনাদের ধারণা গুরুত্বপূর্ণ হয়।

এনারা পরম্পরা ভেঙে নিজেরাই নিজেদের পথ তৈরী করেন। এনাদের সেই পথ কল্পনাকে স্পর্শ করে এবং অজ্ঞাত গূঢ় রহস্যের উদ্‌ঘাটন করে। এনাদের স্বপ্ন

বিশাল হয় আর এনাদের গুপ্ত বিদ্যার ব্যাপারে গভীর জ্ঞান থাকে। এনারা অন্যদের মনের কথা সহজেই জেনে যান। এনাদের মধ্যে এক অদ্ভূত আকর্ষণ থাকে... যেটা অন্যদের ওপরে গভীর প্রভাব বিস্তার করে।

এমন ব্যক্তিরা কখনো-কখনো বড়ই অদ্ভূত স্বপ্ন দেখেন আর তন্ত্র-বিদ্যার প্রতি এমন ব্যক্তিদের আগ্রহ থাকে। এনাদের মধ্যে ভবিষ্যতে ঘটতে চলা ঘটনাগুলো আন্দাজ করার অন্তর্জ্ঞান থাকে। এনাদের আকর্ষক ব্যক্তিত্বের প্রভাব অন্যদের ওপরে ভালোমতন পড়ে।

এনাদের সৌভাগ্যশলী বার হচ্ছে রবিবার আর সোমবার। মুখ্য রূপে যদি সেই সব বারের তারিখও 07 হয়। 01, 02 আর 04 তারিখও এনাদের পক্ষে ভালো হয়। এনাদের ভাগ্যশালী রং হচেছ সবুজ, হরিদ্রাভ, সাদা আর হলুদ। তবে এনাদের যথাসম্ভব গাঢ় রং ধারণ করা উচিত নয়। এনাদের ভাগ্য-রত্ন হচেছ চন্দ্রমণি, লহসুনিয়া আর মুক্তা।

সংখ্যা 07-য়ের জাতকদের নিজেদের সমস্ত প্ল্যান-প্রোগ্রাম এবং লক্ষ্য মাসের 07, 16 এবং 25 তারিখে বানানোর চেস্টা করা উচিত। এই সব তারিখ 21 জুন থেকে 20 - 27 জুলাই-য়ের মধ্যে পড়লে বিশেষ রূপে শুভ হয়। কিছুটা সীমা পর্যন্ত আগস্ট মাসও এমন ব্যক্তিদের পক্ষে শুভ হয়।

সংখ্যা 07-য়ের অধীন জন্ম গ্রহণ করা কিছু প্রমুখ ব্যক্তি

সম্রাজ্ঞী এলিজাবেথ	07 সেপ্টেম্বর
লুই (চতুর্দশ)	16 সেপ্টেম্বর
মেক্সিকোর মহারানী	07 জুন
লর্ড রোজবেরী	07 মে
লর্ড বালফোর	25 জুলাই
এ্যাডমিরাল অর্ল বেট্টী	16 জানুয়ারী
চার্লস ডিকেন্স	07 ফেব্রুয়ারী
স্যার জোশুয়া রেনল্ড	16 জুলাই
অস্কার ওয়াইল্ড	16 অক্টোবর
প্রিন্স ইম্পীরিয়াল (নেপোলিয়ন)	16 মার্চ
স্যার জন ফ্র্যাঙ্কলিন	16 এপ্রিল
রবার্ট ব্রাউনিং (কবি)	07 মে
রাল্ফ ভাল্ডো এমার্সন (কবি)	25 জুন
ডীন ফরারে	07 আগস্ট
ব্রেত হার্তে	20 আগস্ট
এ্যাণ্ড্রু কারনেগী	25 নভেম্বর
স্যার আইজাক ন্যুটন	25 ডিসেম্বর
রুশো (ফরাসী কবি)	16 এপ্রিল
উইলিয়াম ওয়াডর্সওয়ার্থ	07 এপ্রিল

❑❑❑

11

সংখ্যা আট (08)

সংখ্যা 08 শনি গ্রহের পরিচায়ক হয়। যে কোন মাসের 08, 17 বা 26 তারিখে জন্ম গ্রহণ করা ব্যক্তিদের ওপরে এই সংখ্যার প্রভাব দেখতে পাওয়া যায়। জাতকের জন্ম যদি 21 ডিসেম্বর থেকে 19 - 26 ফেব্রুয়ারীর মধ্যে হয়... তাহলে এই প্রভাব আরও বেশী উন্নত হয়ে ওঠে। এমন ব্যক্তিদের প্রতি লোকেদের মনে প্রচুর ভুল ধারণা থাকে। এজন্য এমন ব্যক্তিরা মনে-মনে নিজেদের প্রচণ্ড একাকী অনুভব করেন। এনাদের প্রকৃতি গম্ভীর আর অত্যন্ত তীব্র হয়। এনাদের ব্যক্তিত্বও অত্যন্ত শক্তিশালী হয়... এমন ব্যক্তিরা দৃঢ় স্বভাবের হন আর এনাদের ব্যক্তিত্বে এক আলাদা প্রকারের শক্তি থাকে। জীবনের রঙ্গমঞ্চে এনারা প্রায়ই প্রমুখ ভূমিকায় অবতীর্ণ হন... কিন্তু এনারা নিজেরাই নিজেদের জন্য দুর্ভাগ্য ডেকে নিয়ে আসেন। তবে এনারা অন্যদের পক্ষে সৌভাগ্যশালী প্রমাণিত হন। এনারা ধর্মের প্রতি আগ্রহী হয়ে উঠলে ধর্মান্ধও হয়ে উঠতে পারেন। এনারা এক বার যে উদ্দেশ্য নিজেদের হাতে গ্রহণ করেন... হাজার বিরোধিতা সত্ত্বেও এনারা নিজেদের সেই উদ্দেশ্য পূরণ করার চেষ্টা চালিয়ে যান। তবে এনারা প্রায়ই নিজেদের জেদের কারণে কট্টর শত্রু তৈরী করে ফেলেন।

এনাদের প্রায়ই শুষ্ক আর ভাবহীন দেখায়... যখন কি এনাদের মন গরীব, সমাজের পেছিয়ে পড়া শ্রেণীর লোকেদের প্রতি সহানুভূতিতে পূর্ণ হয়ে থাকে। এনারা নিজেদের মনের ভাব সহজে প্রদর্শিত করেন না... যার ফলে লোকেরা এনাদের ভুল বুঝতে লাগে। এনারা হয় অত্যন্ত সহজে সফলতা হাসিল করে নেন অথবা ব্যর্থ হয়ে ওঠেন। এনাদের কাছে মধ্যপন্থী কোন রাস্তা নেই। উচ্চাকাংখী হলে এনারা বেশীর ভাগ সার্বজনিক জীবন বা অন্য কোন সরকারী পদে যেতে চান। এনারা এমন পদ হাসিল করে নেন... যাতে ওনাদের বিরাট বড় ত্যাগ করতে হয়। কিন্তু সাংসারিক দৃষ্টিভঙ্গীতে সংখ্যা 08 ভাগ্যশালী হয় না। এই সংখ্যার জাতকদের প্রায়ই নিজেদের জীবনে দুঃখ, ক্ষতি আর অপমানের মুখোমুখি হতে হয়।

সাধারণতঃ সংখ্যা 08-য়ের ব্যাখ্যা করাটা অত্যন্ত কঠিন কাজ হয়... কারণ এই সংখ্যার সম্বন্ধ ভৌতিক আর আধ্যাত্মিক – দু প্রকৃতির লোকেদের সাথেই থাকে। ঠিক যেন দুটি বৃত্ত একে-অপরকে স্পর্শ করে রয়েছে। সংখ্যা 08 দুটি সমান 04 আর 04 মিলে তৈরী হয়েছে। এই সংখ্যার সম্বন্ধ অমিট ভাগ্যের সাথে যুক্ত হয়ে রয়েছে – তা সেটা কোন রাষ্ট্রের সাথে সম্বন্ধিত হোক্ বা কোন

ব্যক্তির সাথে। জ্যোতিষেও এই সংখ্যার চিহ্ন শনি জানানো হয়েছে... যেটাকে ভাগ্যের গ্রহও বলা হয়।

এই সংখ্যার জাতকদের ভাগ্যে এক দিকে যেমন কঠিনতা, ওঠা-নামা, অব্যবস্থা এবং সকল প্রকারের বিষমতা আসে... আবার অন্য দিকে এনাদের বিচারধারায় দার্শনিকতা, তন্ত্র-বিদ্যা আর ধার্মিক ব্যাপারে আগ্রহ দেখানো এবং নিজের উদ্দেশ্যের পূর্তির জন্য কাজ করে চলার ঝোঁক থাকে। এনাদের সকল কাজে ভাগ্যবাদী দৃষ্টিকোণ প্রকট হয় এবং এনারা নিজেদের উদ্দেশ্যের পূর্তির জন্য অত্যন্ত উৎসাহের সাথে কাজ করে চলেন।

এই সংখ্যার সাথে সম্বন্ধিত ব্যক্তি নিজেকে নিজের সাথীদের থেকে আলাদা মনে করেন। আন্তরিক রূপে তিনি নিজেকে একাকী অনুভব করেন। অন্য ব্যক্তিরা প্রায়ই এনাদের ভুল বোঝেন। এনারা নিজেদের জীবনে করা কাজের ফলও প্রাপ্ত করেন না... কিন্তু মৃত্যুর পরে এনাদের পূজা করা হয়, এনাদের দ্বারা করা কাজের প্রশংসা করা হয় এবং এনাদের স্মৃতিতে বড়-বড় শ্রদ্ধাঞ্জলিও অর্পিত করা হয়।

এমন ব্যক্তিরা এক দিকে যেমন মানবিক ন্যায়ের প্রতি সংঘর্ষরত হয়ে থাকেন... অন্য দিকে ঈশ্বরের ওপরেও এনাদের অগাধ বিশ্বাস থাকে। এমন ব্যক্তিদের জীবনের শেষটা প্রায়ই দুঃখের ভেতর দিয়েই হয়।

সংখ্যা 08-য়ের জাতকদের দু ভাগে ভাগ করা যেতে পারে। এনাদের পরিচিতির জন্য এটা দেখা উচিত যে, এনাদের জীবনের প্রমুখ ঘটনা সংখ্যা 08 দ্বারা প্রভাবিত কি না অথবা তাঁদের ওপরে সংখ্যা 01, 03 আর 06-য়ের ব্যক্তিদের প্রভাব আছে কি না? যদি এনাদের ওপরে পরের বিকল্প প্রযোজ্য হয়... তাহলে এমন অনুমান লাগানো যেতে পারে যে, এনারা নিজেদের কোন অতীতের পরিস্থিতির মূল্য চোকাচ্ছেন আর সেই পরিস্থিতিকে আরও বৃদ্ধি করে চলেছেন... যেখানে তাঁদের প্রভুর ন্যায় অথবা কৃপা দ্বারাই ফল প্রাপ্তির ওপরে বিশ্বাস রয়েছে। আর যদি এর বিপরীত পরিস্থিতি হয়... তাহলে এমনটা মনে করা উচিত যে, এমন ব্যক্তি ভাগ্যের হাতে কোন দুর্ঘটনার শিকার হতে চলেছেন। আমি আমার অনুসন্ধান দ্বারা এটা দেখতে পেয়েছি যে, সংখ্যা 08-য়ের সাথে সম্বন্ধিত ব্যক্তি নিজের স্বাভাবিক সামাজিক জীবনে প্রায়ই উপেক্ষিত হয়ে থাকেন আর তাঁরা সেই উপেক্ষাকে নিজেদের জন্য মানবিক ন্যায়ের রূপে এক শাস্তি হিসেবে মানেন... কিন্তু যেটা সর্বদা ভগবানের ন্যায়ের বিপরীত হয়।

সংখ্যা 08-য়ের তান্ত্রিক চিহ্ন হিসেবে ন্যায়ের মূর্তিকে মেনে নেওয়া হয়েছে – যার ডান হাতে তলোয়ার রয়েছে আর বাঁ হাতে রয়েছে দাঁড়িপাল্লা। ইতিহাসে এই সংখ্যার সাথে সম্বন্ধিত অনেক বিচিত্র কাহিনী শুনতে পাওয়া যায়। য়ুনানী লোকেরা একে ন্যায়ের সংখ্যা হিসেবে মানেন... কারণ একে দুই সমান ভাগে ভাগ করা যেতে পারে। ইহুদীরা জন্মের পর থেকে অষ্টম দিন নিজেদের পুত্র সন্তানদের 'সুন্নত' করান এবং ভগবানের প্রতি আত্মনিবেদন-সহভোজে 08 মোমবাতি জ্বালান আর এই ভোজও লাগাতার 08 দিন পর্যন্ত

চলে। কিছু লোক এমনটাও মানেন যে, রহাবের পরে 08 অবতার জন্ম গ্রহণ করেছিলেন।

ফ্যারীসীজ নামক ধর্মে 08-টি জিনিষ মানা হয়ে থাকে।

আদমের পরে ওনার অষ্টম বংশধর নোহ ছিলেন।

তন্ত্র-বিদ্যার অধ্যয়ণ করা লোকেরা তিন আট (888)-য়ের সংখ্যাকে সংসারের মুক্তিদাতা খীশুখ্রীস্ট্রের সংখ্যা হিসেবে মানেন। এটাও অত্যন্ত আশ্চর্যের বিষয় যে, 888-র যোগফল 24 হয় এবং 02 আর 04-কে পরস্পরের সাথে যোগ করলে 06 তৈরী হয়... সেটা শুক্র গ্রহের প্রতীক হয় – যাকে প্রেমের প্রতিনিধি হিসেবে মানা হয়েছে।

সংখ্যা 08-য়ের জাতকদের যে কোন মাসের 08, 17 বা 26 তারিখে নিজেদের সমস্ত প্ল্যান-প্রোগ্রাম এবং লক্ষ্য বানানোর চেস্টা করা উচিত। মুখ্য রূপে 21 ডিসেম্বর থেকে 19 - 26 ফেব্রুয়ারীর মাঝের সময়ে। যদি এই সব তারিখগুলো শনিবার, রবিবার বা সোমবারে পড়ে... তাহলে আরও ভালো হয়। এমন লোকেরা সংখ্যা 04-য়ের তারিখগুলোতেও নিজেদের কাজ পূর্ণ করতে পারেন। এনাদের সৌভাগ্যশালী রং হচেছ গাঢ় স্লেটী, কালো, গাঢ় নীল আর খয়েরী। হাল্কা রং এনাদের ঠিক ম্যাচ করে না। এনাদের সব থেকে প্রমুখ বার হচেছ শনিবার, রবিবার এবং সোমবার।

সংখ্যা 08-য়ের অধীন জন্ম গ্রহণ করা কিছু প্রমুখ ব্যক্তি

ইংল্যাণ্ডের রানী মেরী (প্রথম) (যাঁকে খুনী রানী-ও বলা হয়ে থাকে)	17 ফেব্রুয়ারী
বেলজিয়ামের সম্রাট এ্যালবার্ট	08 এপ্রিল
বেলজিয়ামের রানী মেরী	26 মে
স্পেনের সম্রাট আলফাসো (ত্রয়োদশ)	17 মে
জোসেফ চেম্বরলেন	08 জুলাই
জর্জ বার্নার্ড শ'	26 জুলাই
ডেভিড লয়েড জর্জ	17 জানুয়ারী
প্রিন্স এ্যালবার্ট (রানী ভিক্টোরিয়ার প্রেমিক)	26 আগস্ট
এ্যাডমিরাল ডেভী	26 ডিসেম্বর
ভিল্কী কোলেন	08 জানুয়ারী
স্যার হেমফ্রে ডেভী	17 ডিসেম্বর
স্কটল্যাণ্ডের রানী মেরী	08 ডিসেম্বর
জে. ডি. রকফেলর	08 জুলাই
সি. রাজগোপালাচার্য	08 ডিসেম্বর
গুরু নানক	08 নভেম্বর
মাও-সে-তুং	26 ডিসেম্বর
ট্রুম্যান	08 মে

❑❑❑

12

সংখ্যা নয় (09)

সংখ্যা 09 মঙ্গল গ্রহের পরিচায়ক হয়। যে কোন মাসের 09, 18 বা 27 তারিখে জন্ম গ্রহণ করা ব্যক্তিদের ওপরে এই সংখ্যার প্রভাব দেখতে পাওয়া যায়। জাতকের জন্ম যদি 21 মার্চ থেকে 19 - 26 এপ্রিল এবং 21 অক্টোবর থেকে 20 - 27 নভেম্বর বৃশ্চিক রাশির সময়ে হয়... তাহলে এই প্রভাব আরও বেশী উন্নত হয়ে ওঠে। এনারা জীবনের প্রতিটি ক্ষেত্রে সংঘর্ষশীল হন। শুরুতে এনাদের সময় প্রায়ই অনেক মুশ্কিলে কাটে... কিন্তু শেষে নিজের সাহস, দৃঢ় ইচ্ছাশক্তি এবং সংকল্পের জোরে এনারা নিজেদের জীবনে সফল হয়ে ওঠেন। এনাদের স্বভাবে তাড়াহুড়ো, আবেশ, স্বাধীনতা আর নিজেদের ইচ্ছার মালিক হওয়ার প্রবৃত্তি দেখতে পাওয়া যায়। যদি এনাদের জীবনের ঘটনাগুলোর ওপরে সংখ্যা 09 স্বাভাবিকের থেকে বেশী প্রভাবশালী হয়ে ওঠে... তাহলে এনাদের প্রচুর শত্রুর সৃষ্টি হয়ে পড়ে আর এনারা যেখানেই থাকুন না কেন... সেখানেই এনারা লড়াই-ঝগড়ায় জড়িয়ে পড়েন।

এমন ব্যক্তিরা প্রচণ্ড উৎসাহী হন আর এনাদের মধ্যে শ্রেষ্ঠ সৈনিকদের গুণ দেখতে পাওয়া যায়। এনারা জীবনের যে ক্ষেত্রে কাজ করতে চান... এনারা সেই ক্ষেত্রের নেতা হতে চান।

এনাদের সব থেকে বড় শত্রু এনাদের জেদ হয়। এনারা নিজেদের কাজ আর শব্দের ওপরে নিয়ন্ত্রণ বজায় রাখতে পারেন না। এনাদের প্রায়ই দুর্ঘটনার শিকার হতে হয়। সেই সব দুর্ঘটনা প্রায় ক্ষেত্রে আগুন আর বিস্ফোরণ ইত্যাদির কারণে হয়। এনাদের নিজেদের জীবনে বেশ কয়েক বার অপারেশন করাতে হয় বা শল্য-চিকিৎসকের শরণাপন্ন হতে হয়।

ঘর-পরিবারেও এনাদের বেশ কিছু কঠিনতা আর সংঘর্ষের মোকাবিলা করতে হয়। এই সব সংঘর্ষ এনাদের শ্বশুরবাড়ীর আত্মীয়দের কারণে হয়।

এনারা কোন প্রকারের সমালোচনা একেবারে সহ্য করতে পারেন না। এনারা নিজেদের সম্বন্ধে নিজেদের ধারণাকেই সব থেকে সঠিক বলে মনে করেন। এনারা নিজেদের কাজে অন্য কারও দখলদারী একেবারে পছন্দ করেন না। এনারা এমনটা চান যে, এনাদের সেবা যেন ভালো ভাবে করা হয় আর এনাদেরই পরিবারের প্রধান হিসেবে মেনে নেওয়া হয়।

এমন ব্যক্তিরা ভালো সাধন-সম্পন্ন হন আর এনারা সংগঠনের কাজে অত্যন্ত দক্ষ হন। কিন্তু এনারা যদি নিজেদের কাজের ওপরে পূর্ণ নিয়ন্ত্রণ না রাখতে পারেন... তাহলে এনারা নিরাশ হয়ে উঠে এক পাশে সরে যান। এনাদের সেই

কাজ পঙ্গু হয়ে পড়ার ব্যাপারে বিন্দুমাত্র চিন্তা থাকে না।

এনারা যুদ্ধক্ষেত্র বা জীবন-সংঘর্ষে প্রায়ই ঘায়েল হয়ে পড়েন। এনাদের মধ্যে বজ্র-কঠিন সাহস থাকে আর এনারা আদর্শ সৈনিক হয়ে ওঠেন অথবা নিজেদের উদ্দেশ্য পূর্তির জন্য সর্বদা এগিয়ে আসেন। এনাদের সব থেকে বড় ঝুঁকি হয় কথা আর কাজের মধ্যে পার্থক্য আসা এবং আবেশে ভরে থাকা। এনাদের আগুন আর বিস্ফোটক দ্বারা দুর্ঘটনাগ্রস্ত হয়ে পড়ারও বিশেষ ঝুঁকি থাকে। এনারা এসব থেকে খুব কম সময়ই বেঁচে যান। এনাদের জীবনে বেশ কয়েক বার অপারেশনও করাতে হয়। ঘরোয়া জীবনে আত্মীয়-স্বজনদের সাথে বা শ্বশুরবাড়ীর লোকেদের সাথে এনাদের প্রায়ই ঝগড়া হতে থাকে। এনারা সমালোচনাকে অত্যন্ত অপছন্দ করেন।

আত্ম-ভ্রম না হলেও এনারা সর্বদা নিজেদের মাস্টার-পীস মনে করেন আর নিজেদের প্ল্যান-প্রোগ্রামে কারও কোন প্রকারের দখলদারী এনারা একেবারেই পছন্দ করেন না। এনারা এমনটা চান যে, সবাই এনাদের বড় আর পরিবারেরও প্রধান হিসেবে মেনে নিক। সংগঠনের কাজে এনারা অত্যন্ত কুশল হন... কিন্তু সেটার ওপরে এনাদের পূর্ণ নিয়ন্ত্রণ থাকা অত্যন্ত আবশ্যক হয়। এমনটা না হলে এনারা সাহস হারিয়ে এক পাশে সরে যান আর কাজ পঙ্গু হয়ে যেতে দেন। প্রেম আর সহানুভূতি প্রাপ্ত করার জন্য এনারা সব কিছুই করতে পারেন। যে কোন চতুর মহিলা এনাদের কোমল মন জয় করে নিয়ে এনাদের মূর্খ বানাতে পারেন। কোন মাসের 03, 06, 09 তারিখে জন্ম গ্রহণ করা ব্যক্তিদের সাথে এনাদের খুব ভালো বন্ধুত্ব হয়।

সংখ্যা 09-য়ের ব্যক্তিদের মধ্যে কিছু আশ্চর্যজনক আর গুরুত্বপূর্ণ বিশেষত্বও থাকে। এই সংখ্যাটা এমন হয় যে, এই সংখ্যাকে অন্য কোন সংখ্যা দিয়ে গুণ করলে গুণফলে সর্বদা সংখ্যা 09-য়েরই প্রাপ্তি হয়। উদাহরণ হিসেবে আমরা যদি সংখ্যা 09-কে সংখ্যা 02 দিয়ে গুণ করি... তাহলে সংখ্যা 18 প্রাপ্ত হয়। এবার সংখ্যা 18-র 01 আর 08-কে পরস্পরের সাথে যোগ করলে সংখ্যা 09-য়ের প্রাপ্তি হয়। এই প্রকার এই ক্রম চলতেই থাকে। সংখ্যা 09-য়ের সম্বন্ধে কিছু রোচক তথ্য রয়েছে... যেগুলোকে উপেক্ষা করা চলে না।

সংখ্যা 09-য়ের জাতকদের এই সংখ্যার তারিখগুলোয় নিজেদের সকল প্ল্যান-প্রোগ্রাম বানানোর চেস্টা করা উচিত। যদি এই সব তারিখ 21 মার্চ থেকে 19 - 26 এপ্রিল এবং 21 অক্টোবর থেকে 20 - 26 নভেম্বরের মাঝের সময়ে হয়... তাহলে আরও ভালো হয়। 03 এবং 06 সংখ্যার তারিখগুলোও এনাদের পক্ষে শুভ হয়। এনাদের পক্ষে সব থেকে প্রমুখ বার হচেছ মঙ্গলবার আর শুক্রবার... বিশেষ করে মঙ্গলবার।

প্রচীন কালের জাতিরা সংখ্যা 09 আর সেটার গুণফলকে অত্যন্ত ভয় পেত।

সংখ্যা 09-কে অত্যন্ত সৌভাগ্যশালী মানা হয়... তবে শর্ত হচেছ এই যে, এই সংখ্যা দ্বারা প্রভাবিত ব্যক্তি শান্তিপূর্ণ আর অলসতা যুক্ত জীবনের চাহিদা জানাবে না এবং নিজের সেই স্বভাবকে নিয়ন্ত্রণে রাখবে... যার কারণে অনেক ব্যক্তি তার শত্রু হয়ে ওঠে।

সংখ্যা 09-য়ের অধীন জন্ম গ্রহণ করা কিছু প্রমুখ ব্যক্তি

কেসর ভিল্‌হেল্স	27 জানুয়ারী
সম্রাট এডওয়ার্ড (সপ্তম)	09 নভেম্বর
স্যার এলভিন উড	09 ফেব্রুয়ারী
থিয়োডোর রুজভেল্ট	27 অক্টোবর
রাষ্ট্রপতি গ্রোভর ক্লীভল্যাণ্ড	18 মার্চ
লর্ড কার্জন	09 ফেব্রুয়ারী
রাষ্ট্রপতি য়ুলিসীজ গ্রান্ট	27 এপ্রিল
স্যার জেমস্ বেরী (লেখক)	09 মে
অস্ট্রিয়ার রানী এলিজাবেথ	18 আগস্ট
জর্জ স্টীফেনসন	09 জুন
ফ্রেডরিক (তৃতীয়) (জার্মানী)	09 অক্টোবর
ক্যাপলা	27 অক্টোবর
ওনাসিস	09 ডিসেম্বর
প্যাগ্নিকী	18 ফেব্রুয়ারী
ওমর খৈয়াম	18 মে
লিয়োহোল্ড হিনীপ (বেলজিয়াম)	09 এপ্রিল
গ্রেটা গার্বো	18 সেপ্টেম্বর

❑❑❑

13

তন্ত্র বিদ্যায় সংযুক্ত সংখ্যাগুলোর প্রতীক এবং উদাহরণ

এটা আমার পক্ষে অত্যন্ত সৌভাগ্যের বিষয় যে, আমি এখন নিজের পাঠকদের সামনে তন্ত্র-বিদ্যায় ব্যক্তির নাম আর সংখ্যার আশ্চর্যজনক রহস্য জানার পদ্ধতি উদ্‌ঘাটিত করতে চলেছি। এর আগে এই পদ্ধতির বর্ণনা কখনোই করা হয়নি। আমি নিশ্চিত যে, যে ব্যক্তি আমার দ্বারা জানানো নিয়ম পালন করে চলবেন... এর দ্বারা তাঁর অসীম লাভ প্রাপ্ত হবে।

আমার সম্পূর্ণ বিশ্বাস যে, যে তন্ত্র-পদ্ধতির ব্যাপারে আমার দীর্ঘ সময়ের অভিজ্ঞতা রয়েছে আর আমি যেটার বর্ণনা করতে চলেছি... সেটার ব্যাপারে জেনে নিলে নিজের অস্তিত্বের জন্য ভাগ্যের সাথে লড়াই করতে থাকা মানব-সমুদায়ের নর-নারীদের যথেষ্ট লাভ হবে এবং এই পদ্ধতি তাঁদের পক্ষে অত্যন্ত উপযোগী প্রমাণিত হবে।

দার্শনিকদের মধ্যে শ্রেষ্ঠ শেক্সপীয়র, যাঁর বিচারাধারা সর্বদাই ইংরাজী সাহিত্যের শোভা বৃদ্ধি করে চলবে – এক গুরুত্বপূর্ণ উক্তি লিখে গেছেন – "মনুষ্যের জীবনে কঠিনতার তুফান আসে... কিন্তু যখন মনুষ্য সেটার ওপরে নিয়ন্ত্রণ প্রাপ্ত করে নেয়... তখন তার ভাগ্যের দ্বার খুলে যায়।" এমন প্রশ্ন বার-বার করা হয়ে থাকে যে, মনুষ্য কি কঠিনতার তুফানের ওপরে নিয়ন্ত্রণ করার সময়ের ব্যাপারে জানতে পারে ?

এই প্রশ্নের ব্যাপারে আমার বক্তব্য হচ্ছে এই যে, এই বিশ্বের নির্মাণ করা মহান শিল্পী নিজের অপূর্ব বুদ্ধিমত্তা দ্বারা সব বস্তুর মধ্যে এক সমরূপতা রচনা করেছেন আর তিনি নিজের জ্ঞানের অক্ষয় ভাণ্ডার থেকে কিছুটা জ্ঞান মানবকে প্রদান করেছেন। এই জ্ঞান সংসারের নির্মাতার দিব্য জ্ঞানেরই এক অংশ। অধিক জ্ঞান প্রাপ্ত করার এই লালসাই মানবকে পশু-সমূহ থেকে আলাদা করে প্রকৃতির সর্বশ্রেষ্ঠ রচনা করে তোলে। জ্ঞানের এই লালসা দ্বারাই নর-নারী 'দেবতা'-র সমকক্ষ পৌঁছয়।

আমাদের এমনটা বলা হয়েছে যে, রাজা সোলোমন প্রভুর সর্বোত্তম উপহারের রূপে ওনার থেকে জ্ঞানের পুরস্কার চেয়েছিলেন... কারণ প্রভু সেটাই দিতে পারেন। বাইবেলে সোলোমনের যে প্রেরণাদায়ক শব্দ রয়েছে, সেগুলো আমরা এই ভাবে পড়তে পারি – "হে বিশ্বের মহান নির্মাতা! আমি আপনার কাছে এই কারণে অত্যন্ত কৃতজ্ঞ যে, আপনিই আমাকে সকল গ্রহের রহস্যের সাথে পরিচিত করে তুলেছেন... যার ফলে আমি সময়, বস্তুর কাল, মানব-মাত্রের উদয় এবং তার বিচারধারা আর ভাবনার রহস্য এবং স্বভাব বুঝতে সক্ষম হয়ে উঠেছি। আপনিই

আমাকে এই জ্ঞান প্রদান করেছেন আর এই জ্ঞান হচেছ আমার বুদ্ধিমত্তার আধার!" বিভিন্ন গ্রহের এই জ্ঞান আমি এই পৃষ্ঠাগুলোয় প্রকট করার চেস্টা করছি। আমি এমনটা চাই যে, আমার পাঠকেরা মন দিয়ে সেটাকে বোঝার চেস্টা করুন। আমি সেটাকে সংক্ষেপে... কিন্তু অত্যন্ত সরল পদ্ধতিতে বোঝানোর চেস্টা করছি। যে কোন ব্যক্তির নিজের জন্য বছরের যে কোন মাসে অনুকূল অথবা সৌভাগ্যশালী দিন জানার জন্য এখানে দেওয়া তালিকা অনুসারে নিজের নামের তন্ত্র-বিদ্যার সাথে সম্বন্ধিত সংখ্যা বার করা উচিত।

এমনটা দেখা গেছে যে, প্রাচীন ক্যালোডিয়ন আর হিব্রু বর্ণমালার প্রতিটি অক্ষরের সংখ্যা অথবা সেটার ক্ষমতা নির্দিস্ট করা হয়েছে। আর আমার বিশ্বাস যে, এই কাজের জন্য এই পদ্ধতি একেবারে সঠিক এবং সর্বোত্তম। এর উৎপত্তি কবে হয়েছে, সেটা অতীতের গর্ভে হারিয়ে গেছে... কিন্তু এমনটা মানা হয়ে থাকে যে, ক্যালোডিয়ন লোকেরাই এর আবিস্কার করেছিলেন – কারণ তাঁরা এই গুপ্ত জাদু-বিদ্যায় অত্যন্ত দক্ষ ছিলেন। ওনাদের থেকেই এই রহস্য হিব্রু লোকেরা শিখেছিলেন।

A = 01	J = 01	S = 03
B = 02	K = 02	T = 04
C = 03	L = 03	U = 06
D = 04	M = 04	V = 06
E = 05	N = 05	W = 06
F = 08	O = 07	X = 05
G = 03	P = 08	Y = 01
H = 05	Q = 01	Z = 07
I = 01	R = 02	

যদি কোন ব্যক্তির নামের অক্ষরগুলোর সংখ্যা 09 হয়... তাহলে সেটার অর্থ সংখ্যা 09-য়ের অধ্যায়ের অনুরূপই ধরা উচিত।

কৌতূহলের দৃস্টিতে দ্বিতীয় গুরুত্বপূর্ণ প্রশ্ন হচেছ এটা যে, অন্তিম সংখ্যা বার করার জন্য ব্যক্তির মূল নাম অথবা উপনামের সাথে কি সকল অক্ষরগুলোকে পরস্পর যুক্ত করা উচিত?

এই প্রশ্নের উত্তর হচেছ এটা যে, এতে অত্যন্ত প্রচলিত নামই যুক্ত করা উচিত। যখন উপনাম অধিক প্রচলিত হয় আর বেশী ব্যবহৃত হয়... একমাত্র তখনই মূল সংখ্যা প্রাপ্ত করার জন্য সেটাকে যুক্ত করা আবশ্যক হয়।

এখানে আমি উদাহরণের রূপে কিছু অত্যন্ত প্রসিদ্ধ নামই দিচিছ। সেগুলোর মধ্যে একটা নাম হচেছ লয়েড জর্জ এবং দ্বিতীয় নাম হচেছ ইংল্যাণ্ডের প্রাক্তণ প্রধানমন্ত্রী বাল্ডউইন... যাঁকে কেবলমাত্র বাল্ডউইন নামেই ডাকা হয়ে থাকে। লয়েড জর্জ এবং ইংল্যাণ্ডের প্রাক্তণ প্রধানমন্ত্রীর নামকে এই প্রকার সংখ্যায় পরিবর্তিত করা যেতে পারে ঃ

L = 03	G = 03
L = 03	E = 05

O = 07	O = 07
Y = 01	R = 02
D = 04	G = 03
	E = 05
18 = 01 + 08 = 09	25 = 02 + 05 = 07

BALDWIN

2 1 3 4 6 1 5 = 22 = 02 + 02 = 04

এখানে আমি এটাই বলতে চাই যে, কেবল লয়েড শব্দের সংখ্যাগুলোর যোগফল 09 হয় আর আমি এই সম্বন্ধে আগেই জানিয়েছি যে, এমন ব্যক্তিদের প্রারম্ভিক জীবন কঠোর সংঘর্ষের ভেতর দিয়ে কাটে এবং যদি তাঁরা কোন রাষ্ট্রের উচ্চাধিকারপূর্ণ পদে পৌঁছে যান... তাহলে সেই রাষ্ট্র যুদ্ধের কারণ হয়ে ওঠে অথবা (লয়েড জর্জের রূপে) সেই রাষ্ট্রকে যুদ্ধে সক্রিয় অংশ গ্রহণ করতে হয়। কেবল জর্জ শব্দের মূল সংখ্যা 07 হয়। যেমনটা আমি আগেই বর্ণনা করেছি, 07 সংখ্যার এক আকর্ষক আর চুম্বকীয় প্রভাব থাকে আর যদি এই শব্দের ব্যবহার করা হয়... তাহলে সেটা অনুকূল প্রভাবশালী প্রমাণিত হয়। এই নামের সম্বন্ধে এটাই বলা যেতে পারে যে, নামের এই দুটি শব্দ আলাদা-আলাদা রূপে প্রযুক্ত হয়নি। এই দুটোর প্রয়োগ এক সাথে হয়েছে। যদি এই দুটি শব্দের সংখ্যাগুলোকে আলাদা-আলাদা ভাবে যোগ করা গুহয়... তাহলে সংযুক্ত সংখ্যা 07 + 09 অর্থাৎ সংখ্যা 16 তৈরী হয়। এই সংখ্যার তন্ত্র-প্রতীক হচ্ছে 'ভগ্ন দুর্গ' অথবা 'আকাশ-বিদ্যুতে খণ্ডিত মিনার'। যদি এই নামের সাথে 'ডেভিড' শব্দকে যুক্ত করা হয়... তাহলে সেটার থেকে সংখ্যা 07 প্রাপ্ত হত। এই প্রকার যদি কেবল লয়েড জর্জের স্থানে ডেভিড লয়েড জর্জ – এই তিনটি শব্দের লাগাতার প্রয়োগ হত আর লয়েড জর্জের সংখ্যাগুলোয় ডেভিডের সংখ্যা 07 আরও যুক্ত করে দেওয়া হত... তাহলে এই নামের মোট সংযুক্ত সংখ্যা 23 হত। সংখ্যা 23-কে ভাগ্যশালী সংখ্যা হিসেবে মানা হয়ে থাকে। এর বর্ণনা পরে করা হবে।

বস্তুতঃ ভাগ্যের কিছু অগোচর কারণগুলোর ওপরে মনুষ্যের কোন নিয়ন্ত্রণ থাকে না। এই কারণেই উনি লয়েড জর্জের নামেই প্রসিদ্ধি প্রাপ্ত করেছিলেন আর এই নাম দ্বারাই এমন পূর্বাভাস হয়ে পড়েছিল যে, উনি নিজের দারুণ জীবন-যাত্রায় 'ভগ্ন দুর্গ' অথবা 'আকাশ-বিদ্যুতে খণ্ডিত মিনার'-য়ের প্রতীকও হয়ে উঠবেন।

এই প্রকার ইংল্যাণ্ডের আরও এক প্রাক্তণ প্রধানমন্ত্রীকে কোন এক অজ্ঞাত কারণে নিজের রাজনৈতিক অনুগামী এবং সাধারণ জনতা দ্বারা কেবল 'বাল্ডউইন' নামেই ডাকা হত। এনার সংখ্যা ছিল 22... যেটার যোগফল 04 হয়।

সংখ্যা 04-য়ের সম্বন্ধে আমি আগেই জানিয়েছি যে, এই সংখ্যা প্রভাবশালী হয় না। এই সংখ্যার ব্যক্তিরা প্রায়ই সন্দেহাস্পদ হয়ে ওঠেন অর্থাৎ লোকেরা ওনাদের ঠিক করে বুঝে উঠতে পারে না। এনারা সততার সাথে প্রচেস্টাপূর্বক নিজেদের প্ল্যান-প্রোগ্রাম কার্যান্বিত করেন... কিন্তু এমনটা করতে গিয়ে এনাদের প্রায়ই কঠিনতা আর বিরোধের মোকাবিলা করতে হয়।

এই দুই সুপ্রসিদ্ধ মহাপুরুষের সংযুক্ত সংখ্যাগুলোর প্রভাবের ব্যাপারে আরও

একটা উদাহরণ দেওয়া হচ্ছে... কারণ সংযুক্ত সংখ্যাগুলোর নিজস্ব এক বিশেষ অর্থ থাকে। এই সংযুক্ত সংখ্যা দ্বারা ব্যক্তির নামের সাথে সম্বন্ধিত অত্যন্ত গূঢ় রহস্যের ব্যাপারে জানতে পারা যায়।

লয়েড জর্জ নামের প্রথম শব্দ লয়েডের সংযুক্ত সংখ্যা 18 তৈরী হয়। তন্ত্র-বিদ্যায় এর প্রতীক হচ্ছে – "কিরণযুক্ত চন্দ্র থেকে বৃষ্টির মত রক্ত প্রবাহিত হচ্ছে আর নীচে পড়তে থাকা সেই রক্তের ফোঁটা এক নেকড়ে আর এক কুকুর নিজেদের মুখে পুরে নিচ্ছে।"

"জর্জ" শব্দের সংযুক্ত সংখ্যা 25 তৈরী হয়। এর অভিপ্রায় হচ্ছে – "অভিজ্ঞতা দ্বারা শক্তি প্রাপ্ত করা এবং শেষ পর্যন্ত উচ্চ পদে বজায় থাকা।"

লয়েড জর্জের জন্ম 17 জানুয়ারী হয়েছিল। এই প্রকার উনি জন্মগত ভাবে মূল সংখ্যা 08-য়ের ব্যক্তি ছিলেন। এই সংখ্যা 08 ওনার নামের অনুকূল নয়। এই প্রকার ওনার নামের সংখ্যা 16 ওনার জন্ম-সংখ্যা 08-য়ের কারণে ওনার জীবনকে ভাগ্যবাদী লক্ষণের প্রতীক করে তোলে।

বাল্ডউইন শব্দের সংযুক্ত সংখ্যা 22 তৈরী হয়। সাংসারিক দৃষ্টিতে এই সংখ্যা নেতার রূপের অনুকূল নয়। এখানে একটা জিনিষ বিশেষ রূপে মাথায় রাখতে হবে যে, নামের একটা সংখ্যা কোন পুরুষ বা স্ত্রী-র সেই স্বরূপের প্রতীক হয়... যেমনটা তাঁকে বাস্তবে দেখায়। 'দ্বৈত' বা 'সংযুক্ত' সংখ্যা দ্বারা কোন পুরুষ বা মহিলার সেই অন্তর্শক্তির বোধ হয়... যেটার উপযোগ তিনি নিজের জন্য এক হাতিয়ারের রূপে করেন। সংখ্যা 22 এটা প্রদর্শিত করে যে, ভালো ব্যক্তিরা অন্যদের ভুলের কারণে অন্ধ হয়ে ঘুরে বেড়াচ্ছেন। তাঁরা নিজেদের ভুলের নীচে চাপা পড়ে রয়েছেন আর তাঁরা সেই হিংস্র চিতা বাঘের থেকে নিজেদের রক্ষা করতে পারছেন না... যে চিতা বাঘটা তাঁদের কামড়াচ্ছে।

আমি কোন প্রকারের রাজনৈতিক বিচারধারার সাথেযুক্ত নই। আমি তো এই অধ্যয়ণে কেবল আপনাদের পথ প্রদর্শক মাত্র। আপনারা নিজেদের মিত্র অথবা শত্রুদের প্রতি কোন প্রকারের দুর্ভাবনা ছাড়া নিজেদের বাস্তবিক জীবনের চিত্র বানান। আমি তো কেবল আপনাদের এই সব সংখ্যাগুলোর সেই অর্থ অথবা প্রতীক জানিয়েছি... যেগুলো অতি প্রচীন কাল থেকে চলে আসছে।

স্যার অস্টিন চেম্বরলেন
Sir Autin Chamberlain

স্যার অস্টিন চেম্বরলেন-কে প্রায় ক্ষেত্রেই অস্টিন চেম্বরলেন নামেই ডাকা হত। এই নামের সংখ্যাগুলো এই প্রকার ঃ

S I R
3 1 2 = 3 + 1 + 2 = 6
A U S T I N
1 6 3 4 5 5 = 24 = 2 + 4 = 6
C H A M E R L A I N
3 5 1 4 2 5 2 3 1 1 5 = 32 = 3 + 2 = 5

এই নামের দুটি ভাগকে যদি আলাদা-আলাদা ভাবে প্রযুক্ত করা হয়... তাহলে নামের মূল আর সংযুক্ত – দুটি সংখ্যাই সৌভাগ্যশালী।

এই ব্যাপারটা আমি আগের অধ্যায়গুলোয় জানিয়েছি যে, সংখ্যা 06-য়ের ব্যক্তিরা বিশেষ রূপে রাজনৈতিক জীবনে উচ্চ অধিকারপূর্ণ পদ প্রাপ্ত করেন।

সংখুক্ত সংখ্যা 24-ও অনুকূল হয়। তন্ত্র-বিদ্যায় এই সংখ্যার ব্যক্তিরা উচ্চ পদে প্রতিষ্ঠিত ব্যক্তিদের সহায়তা আর সহযোগের কারণে উচ্চ পদ প্রাপ্ত করেন।

চেম্বরলেন নামের মূল সংখ্যা 05-কেও সৌভাগ্যশালী মানা হয়েছে। বিশেষ করে সেই সব ব্যক্তিদের জন্য... যাঁরা ঝুঁকি উঠিয়ে পরিবর্তনশীল জীবন কাটান। এনাদের জীবনে পরিবর্তন আর অনুমান এক সাথে মিলে-মিশে থাকে। তন্ত্রেও এই নামের সংযুক্ত সংখ্যা 32-ও এক প্রভাবশালী সংখ্যা হয় আর এর সম্বন্ধ বুদ্ধিমত্তাপূর্ণ গ্রহের সাথে যুক্ত করা হয় অর্থাৎ এই সংখ্যার ব্যক্তিরা বুদ্ধিমত্তাপূর্ণ পদক্ষেপ নেন।

ওনার 'স্যার' উপাধির সংখ্যাও 06 ! এটাও এক সৌভাগ্যশালী সংখ্যা। এবার যদি নামের তিন ভাগের মূল সংখ্যাগুলো 06 + 06 + 05-কে যোগ করা হয়... তাহলে যোগফল 17 হয়। তন্ত্র-বিদ্যায় এই সংযুক্ত সংখ্যার প্রতীক হচ্ছে অস্টকোণ যুক্ত শুক্র... যাকে শান্তি আর প্রেমের চিহ্ন হিসেবে মানা হয়েছে। এই সংখ্যা বিশেষ রূপে এমন ব্যক্তিদের জন্য আরও উপযুক্ত হয়... যাঁরা পৃথিবীর বিভিন্ন রাষ্ট্রের মধ্যে শান্তি স্হাপিত করার জন্য লোকার্নো (স্যুইট্জারল্যাণ্ডের এক নগর) নামক স্হানে অতি-মানবীয় প্রচেস্টা চালিয়েছিলেন। কিন্তু এটা কেবল অস্টিন চেম্বরলেনের নামেই অধিক প্রসিদ্ধ ছিল... যেটার সংযুক্ত সংখ্যা 11 হয়। পাঠকেরা পরে এটা জানতে পারবেন যে, এই সংখ্যা 11-তে এই সংখ্যার ব্যক্তিদের জন্য অন্য ব্যক্তিদের থেকে ভয় আর বেঈমানী প্রচ্ছন্ন রূপে লুকিয়ে থাকে।

র‍্যামসে ম্যাক্‌ডোনাল্ড
Ramsay Macdonald

এবার আমরা ইংল্যাণ্ডের লেবার পার্টির প্রথম প্রধানমন্ত্রীর উদাহরণ নেব। ওনার নামের সংখ্যাগুলো এই প্রকার ঃ

R = 02
A = 01
M = 04
S = 03
A = 01
Y = 01

12 = 01 + 02 = 03

M = 04
A = 01
C = 03
D = 04
O = 07
N = 05
A = 01
L = 03
D = 04

32 = 03 + 02 = 05

এখানে এটা স্পস্ট যে, র‍্যামসে শব্দের মূল সংখ্যা 03 এবং সংযুক্ত সংখ্যা 12 তৈরী হয়। যেমনটা এর আগেও জানানো হয়েছে যে, কেবলমাত্র মূল সংখ্যা থেকে

এটা জানতে পারা যায় যে, কোন ব্যক্তি সূক্ষ্ম রূপে কেমন আর তাঁর অনুগামীরা তাঁর সম্বন্ধে কেমন চিন্তা-ভাবনা করেন। যখন কি সংযুক্ত সংখ্যা দ্বারা জীবনের গুপ্ত শক্তির ব্যাপারে জানতে পারা যায়।

এই ব্যাপারে মূল সংখ্যা 03 শক্তিশালী আর প্রভাবশালী হয়। এর সম্বন্ধ প্রায়ই উচ্চাকাংখী লোকেদের সাথে থাকে। এমন ব্যক্তিরা বিশেষ রূপে সরকারী বিভাগে উচ্চ পদ প্রাপ্ত করেন এবং ভালো কাজ করেন।

তন্ত্র-বিদ্যায় সংখুক্ত সংখ্যা 12-র প্রতীক হচ্ছে – 'শিকার' অথবা 'বলি'।

ম্যাক্‌ডোনাল্ড নামের মূল সংখ্যা 05 তৈরী হয়। আমি আগেই আপনাদের এটা জানিয়েছি যে, এটা এক ভালো সংখ্যা আর সংযুক্ত সংখ্যা 32-ও স্যার অস্টিন চেম্বরলেনের সমানই ভালো। এর প্রতীক হচ্ছে – 'বুদ্ধিমানী' অথবা 'বুদ্ধিমত্তাপূর্ণ পথ'। র‍্যামসে ম্যাক্‌ডোনাল্ডের দুটি মূল সংখ্যা 05 আর 03 তৈরী হয়... যে দুটোর যোগফল 08 তৈরী হয়। এর ব্যাপারে আগেই জানানো হয়েছে যে, এই দুটি বিভিন্ন ভৌতিক আর আধ্যাত্মিক ধারার প্রতিনিধিত্ব করে। একটার অর্থ হচ্ছে হচ্ছে – 'দার্শনিক বিচারধারা', 'উদ্দেশ্যের প্রতি নিষ্ঠা' এবং 'কর্তব্য পূর্তির প্রতি উৎসাহ' এবং দ্বিতীয়টার অর্থ হচ্ছে – 'ওঠা-নামা' আর 'বিপ্লব'।

যদি এই দুটি সংখ্যাকে এক সাথে মিলিয়ে দেখা হয়... তাহলে আমরা এটা দেখতে পাই যে, নামের সংখ্যা 'বলির প্রতীক' তৈরী হয় আর র‍্যামসে ম্যাক্‌ডোনাল্ড নামের সংখ্যা থেকে এটা জানতে পারা যায় যে, অত্যন্ত যোগ্য আর গুণসম্পন্ন হওয়া সত্ত্বেও তাঁকে দলের জন্য 'বলির পাঁঠা' হতে হয়েছিল আর ওনার সম্পূর্ণ জীবন ওঠা-নামায় ভরা ছিল।

নামের দুটি শব্দের সংযুক্ত সংখ্যা 12 আর 32-কে যোগ করলে 44 সংখ্যা প্রাপ্ত হয়।

"এই সংখ্যায় ভবিষ্যতের জন্য ভয়ংকরতম সতর্কবার্তা লুকিয়ে রয়েছে। এমন ব্যক্তিকে নিজের জীবনে ভয়ংকর কষ্টের মুখোমুখি হতে হয়।"

উপরোক্ত বক্তব্য ইংল্যাণ্ডের এক রাজনৈতিক পার্টির নেতার জন্য নিশ্চিত রূপে অনিষ্ট সূচক। তাঁর জন্ম 12 অক্টোবর হয়েছিল... যার মূল সংখ্যা 03 তৈরী হয়... যেটাকে তাঁর নামের সংখ্যা 08-য়ের অনুকূল মানা যেতে পারে না। এর পরিণাম হচ্ছে তাঁর 'কার্য-ব্যবহারে গড়বড়ি আর অব্যবস্হা'।

যদি র‍্যামসে ম্যাক্‌ডোনাল্ড নিজের নামের সংখ্যাগুলোর গুরুত্ব বুঝতেন... তাহলে তিনি নিজের দল অথবা জনতাকে এমন আজ্ঞা দিতেন না যে, ওনাকে কেবল র‍্যামসে নামে ডাকা হোক্। ওনার এমন আজ্ঞা দেওয়াটা কখনোই উচিত হয়নি। ওনার, যদি ওনার পক্ষে সম্ভব হত, তাহলে ওনাকে ম্যাক্‌ডোনাল্ড নামে ডাকার আজ্ঞা দেওয়া উচিত ছিল... কারণ এর সংযুক্ত সংখ্যা 32 এক প্রকারের চুম্বকীয় প্রভাব বিস্তার করে।

❑❑❑

14

যুগ্ম, যৌগিক অথবা আধ্যাত্মিক সংখ্যা

সংখ্যা 01 থেকে সংখ্যা 09 পর্যন্ত একক সংখ্যাগুলো ব্যক্তির ব্যক্তিত্বের সংখ্যা হয় – তিনি নিজের সাথীদের দৃষ্টিতে কেমন দেখান। 10-য়ের ওপরের সমস্ত সংখ্যা 99 পর্যন্ত যুগ্ম বা যৌগিক সংখ্যা হয়ে পড়ে। উদাহরণ হিসেবে সংখ্যা 12-কে নিন। এর মূল বা একক সংখ্যা 03 হবে... কিন্তু এটা সংখ্যা 01 আর সংখ্যা 02 মিলে তৈরী হয়েছে... যার দ্বারা এর 03 ছাড়া নিজস্ব এক আলাদা অর্থ হয়ে পড়ে। এই যৌগিক সংখ্যাগুলোকে ঠিক করে থেকে প্রতীকে চিত্রিত করা শুরু হয়েছিল, সেটা আমাদের জানা নেই আর না কখনো জানা যাবে। আমরা কেবল এইটুকুই বলতে পারি যে, সর্বদা এমনটাই হয়ে এসেছে।

সংখ্যা 01 থেকে সংখ্যা 09 পর্যন্তের যে অর্থ পেশ করা হয়েছে, সেটা বস্তুর ভৌতিক পক্ষের। 10-য়ের ওপরের সংখ্যাগুলো জীবনের আধ্যাত্মিক পক্ষকে বেশী করে জানায়। 52-র রহস্যময় সংখ্যা পর্যন্ত যৌগিক সংখ্যাগুলোর আলাদা-আলাদা প্রতীক রয়েছে। সেই সব প্রতীক চিত্রময়... যেগুলো এই প্রকার ঃ

সংখ্যা 10 ঃ ভাগ্যচক্র, সম্মান, নিষ্ঠা এবং আত্মবিশ্বাস, উত্থান আর পতনের সংখ্যা। জাতক ভালো বা খারাপ, যেমনটা হবে... তেমনটাই তার নাম হবে। এই সংখ্যা এই অর্থে সৌভাগ্যশালী হয় যে, জাতকের প্ল্যান-প্রোগ্রাম পূর্ণ হওয়ার সম্ভাবনা রয়েছে।

সংখ্যা 11 ঃ এটা এক তান্ত্রিক সংখ্যা হয় আর গোপন ঝুঁকি, কষ্ট আর অন্য লোকেদের বিশ্বাসঘাতকতার ব্যাপারে সতর্কবাণী প্রদান করে। এর প্রতীক হচ্ছে 'বাঁধা হাত' আর 'ক্ষুধার্ত সিংহ'। এই সংখ্যা এমন ব্যক্তির পরিচায়ক হয়... যাঁকে অত্যন্ত কঠিনতার মুখোমুখি হতে হবে।

সংখ্যা 12 ঃ এটা মনের যন্ত্রণা এবং চিন্তার প্রতীক। এর প্রতীক হচ্ছে 'শিকারের বলি'। বেশীর ভাগ ক্ষেত্রে এই সংখ্যা এমন ব্যক্তির পরিচায়ক হয়... যাঁদেরকে অন্য লোকেদের ষড়যন্ত্রের কারণে 'বলির পাঁঠা' হতে হয়।

সংখ্যা 13 ঃ প্ল্যান-প্রোগ্রাম, স্থান ইত্যাদিতে পরিবর্তনের সংকেত প্রদানকারী সংখ্যা। এই সংখ্যা আসলে ততটা দুর্ভাগ্যপূর্ণ হয় না... যতটা মনে করা হয়। কিছু প্রচীন কৃতিতে এমনটা বলা হয়েছে – "যে ব্যক্তি সংখ্যা 13-কে বুঝে নেবে... তার অধিকার এবং প্রভুত্ব হাসিল হবে।" এর প্রতীক হচ্ছে 'অস্থি পঞ্জর' বা 'মৃত্যু'। কাস্তে দিয়ে ক্ষেতের এক দিকে গজানো ফসল কাটতে থাকা এটা ওঠা-নামা এবং বিনাশের সংখ্যা। এটা 'অধিকার'-য়ের সংখ্যা হয়... যার দুরূপযোগ আত্মবিনাশের কারণ হয়ে উঠবে। এটা হচ্ছে অজ্ঞাত বা অপ্রত্যাশিতের সতর্কবাণীর সংখ্যা।

সংখ্যা 14 ঃ এটা যাতায়াতের, লোক আর বস্তুর যুক্ত হওয়ার এবং তুফান, হাওয়া, জল, আগুনের মত প্রাকৃতিক বস্তু থেকে বিপদ হওয়ার সংখ্যা। লেন-দেন, সাট্টাবাজী এবং ব্যবসায় পরিবর্তনের জন্য এই সংখ্যা শুভ হয়... কিন্তু অন্য ব্যক্তিদের কাজকর্ম এবং জড়বুদ্ধির কারণে এই সংখ্যার সঙ্গে সর্বদা ঝুঁকি আর বিপদের তত্ত্ব যুক্ত হয়ে থাকে। যদি ভাবী ঘটনাগুলোর গণনা দ্বারা এই সংখ্যা বার হয়... তাহলে ব্যক্তিকে সাবধানতা আর বুদ্ধিমত্তার সাথে কাজ করার জন্য সতর্ক করে দেওয়া উচিত।

সংখ্যা 15 ঃ এটা হচেছ তন্ত্র-মন্ত্রের সংখ্যা... কিন্তু সেটার উচ্চ পক্ষের পরিচায়ক নয়। এর অর্থ এটাই হয় যে, জাতক নিজের উদ্দেশ্য পূরণ করার জন্য সকল প্রকারের জাদু-টোনার আশ্রয় গ্রহণ করবে। ভালো বা ভাগ্যশালী একক সংখ্যার সাথে এটা অত্যন্ত ভাগ্যশালী আর শক্তিশালী প্রমাণিত হতে পারে... কিন্তু 04 বা 08-য়ের মত সংখ্যার সাথে যুক্ত হলে জাতক নিজের মনের ইচ্ছা পূরণ করার জন্য কোন প্রকারের জাদু-টোনার আশ্রয় গ্রহণ করতেও দ্বিধা করবে না। এই সংখ্যা কিছুটা উগ্র স্বভাব এবং প্রবল ব্যক্তিত্ব আকর্ষণের সাথে প্রায়ই ভালো বক্তা, সঙ্গীতজ্ঞ, শিল্পী এবং নাট্যকারেদের সাথে যুক্ত হয়ে থাকে। অন্যদের থেকে ধন, উপহার এবং সহায়তা প্রাপ্ত করার পক্ষে এটা এক ভাগ্যশালী সংখ্যা হয়।

সংখ্যা 16 ঃ এর অত্যন্ত অদ্ভূত, গোপন প্রতীক রয়েছে... যার প্রতীক হচেছ এক মিনার। যেটার ওপরে বাজ পড়েছে। মাথায় মুকুট পরে থাকা এক ব্যক্তি মিনার থেকে নীচের দিকে পড়ে যাচেছন। এটাকে 'ধ্বস্ত দুর্গ'-ও বলা হয়ে থাকে। এটা কোন অদ্ভূত দুর্ঘটনার ঝুঁকি এবং প্ল্যান-প্রোগ্রামে ব্যর্থতা প্রাপ্তিরও পরিচায়ক হয়। এটা যদি ভবিষ্যতের সম্বন্ধে যৌগিক সংখ্যার রূপে প্রকট হয়... তাহলে এটা সতর্কবাণীর সংকেত হয়। এর ওপরে সতর্কতাপূর্বক দৃষ্টি দেওয়া উচিত আর এর ঘাতক সম্ভাবনা এড়িয়ে চলার জন্য আগে থেকে প্ল্যান-প্রোগ্রাম বানানো উচিত।

সংখ্যা 17 ঃ এটা হচেছ এক উচ্চ আধ্যাত্মিক সংখ্যা। এর প্রতীক হচেছ অষ্টকোণীয় শুক্র গ্রহ... যেটা শান্তি আর প্রেমের পরিচায়ক হয়। এই সংখ্যা এটা দেখায় যে, জাতক নিজের জীবন বা বৃত্তিতে পরীক্ষা বা কঠিনতার ঊর্দ্ধে উঠে গেছেন। একে 'অমরত্বের সংখ্যা' হিসেবে মনে করা হয় আর জাতকের নাম তাঁর মৃত্যুর পরেও অমর হয়ে থাকে। যদি 04 আর 08 সংখ্যার সাথে এর কোন সম্বন্ধ না থাকে... তাহলে ভাবী ঘটনাগুলোর পক্ষে এটা এক ভাগ্যশালী সংখ্যা হয়।

সংখ্যা 18 ঃ এর প্রতীককে বোঝা কঠিন হয়। এর প্রতীক হচেছ চন্দ্র... যার থেকে কিরণ বার হয়ে আসছে। তার থেকে রক্তের ফোঁটাও ঝরে পড়ছে। নীচে এক নেকড়ে আর এক ক্ষুধার্ত কুকুর নীচের দিকে পড়তে থাকা সেই সব রক্তের ফোঁটা গিলে নিচেছ আর একটা ক্যাঁকড়া সেদিকে এগোচেছ। এটা এই জিনিষটার প্রতীক হয় যে, ভৌতিকবাদ প্রকৃতির আধ্যাত্মিক পক্ষকে নষ্ট করার চেস্টা করছে। এর সম্বন্ধ কটু ঝগড়ায় আর পারিবারিক ঝগড়ায় জড়িয়ে পড়া ব্যক্তির সাথে এবং যুদ্ধ, সামাজিক ওঠা-নামা, ভ্রান্তি ইত্যাদির সাথে থাকে। কিছু-কিছু মামলায় এই সংখ্যা যুদ্ধ দ্বারা ধন আর পদ প্রাপ্ত করার পরিচায়কও হয়... কিন্তু এটা অন্য

ব্যক্তিদের থেকে বিশ্বাসঘাতকতা আর ধোঁকাবাজীর সতর্কবাণী এবং তুফান, আগুন, জল আর বিস্ফোটক থেকে ঝুঁকির ব্যাপারে জানায়। ভাবী ঘটনার সম্বন্ধে এই সংখ্যা প্রাপ্ত হলে অত্যন্ত সতর্কতা অবলম্বন করা উচিত।

সংখ্যা 19 ঃ এই সংখ্যাকে অত্যন্ত ভাগ্যশালী এবং শুভ মনে করা হয়। এর প্রতীক হচেছ 'সূর্য'... যাকে 'আকাশের রাজকুমার'-ও বলা হয়ে থাকে। এই সংখ্যা সুখ, সফলতা আর মান-সম্মান প্রদান করে। এর দ্বারা ভাবী প্ল্যান-প্রোগ্রামে সফল হওয়ার আশ্বাসও পাওয়া যায়।

সংখ্যা 20 ঃ এই সংখ্যাকে 'জাগরণ' আর 'নির্ণয়' বলা হয়। এর প্রতীক হচেছ বিদ্যুৎ ফুঁ মারতে থাকা পাখনাধারী দেবতা। নীচে এক পুরুষ, এক নারী আর এক বাচ্চাকে হাত জোড় করে কবর থেকে উঠে আসতে দেখতে পাওয়া যাচেছ। এই সংখ্যার এক বিচিত্র ভাষ্য রয়েছে – নতুন উদ্দেশ্য, নতুন প্ল্যান-প্রোগ্রাম, নতুন উচ্চাকাংখার জন্য জাগরণ, সংঘর্ষের আহ্বাণ – কিন্তু কোন মহান লক্ষ্য বা কর্তব্যের জন্য। এটা কোন ভৌতিক সংখ্যা নয় আর পরিণামস্বরূপ এর সাংসারিক সফলতা প্রাপ্তিতে সন্দেহ রয়েছে। ভাবী ঘটনাগুলোর সম্বন্ধে এই সংখ্যা বিলম্ব, প্ল্যান-প্রোগ্রামে বাধার পরিচায়ক হয়।

সংখ্যা 21 ঃ এই সংখ্যার প্রতীক হচেছ 'সৃষ্টি'। একে 'জ্ঞানের মুকুট'-ও বলা হয়ে থাকে। এই সংখ্যা উন্নতি, স্বাভাবিক জীবনে উঁচুতে ওঠা আর সাধারণ সফলতার সংখ্যা হয়। এর অর্থ হয় সংঘর্ষের পরে বিজয়... কারণ 'জ্ঞানের মুকুট' দীর্ঘ তপস্যা আর সংকল্পের পরীক্ষার পরেই প্রাপ্ত করা যেতে পারে। ভাবী ঘটনাগুলোর সম্বন্ধে এই সংখ্যা শুভ আশ্বাস প্রদানকারী সংখ্যা হয়।

সংখ্যা 22 ঃ এই সংখ্যার প্রতীক হচেছ অন্যদের মূর্খতায় বাঁধা পড়া এক ভালো পুরুষ... যার পিঠে ভুলে ভরা বস্তা চাপানো রয়েছে। সেই ব্যক্তি হামলাকারী দুর্ধর্ষ চিতা বাঘের থেকে নিজেকে রক্ষা করার কোন চেস্টাই করে না। এই সংখ্যা আত্মভ্রমের সতর্কবার্তা প্রদান করা সংখ্যা হয়। স্বপ্নে হারিয়ে থাকা এক ভালো ব্যক্তি... কেবল সংকটে ঘিরে যাওয়ার পরেই স্বপ্ন থেকে বেরিয়ে আসা ব্যক্তি। এই সংখ্যা অন্যদের প্ররোচনায় এসে ভুল নির্ণয় গ্রহণ করার সংখ্যা হয়। ভাবী ঘটনাগুলোর সম্বন্ধে এই সংখ্যা সতর্কবাণী প্রদান করে আর এর অর্থের ওপরে সতর্কতার সাথে দৃষ্টি দেওয়া উচিত।

সংখ্যা 23 ঃ এই সংখ্যাকে 'সিংহের রাজচিহ্ন' বলা হয়। এই সংখ্যা সফলতার আশ্বাস, সিনীয়রদের সহায়তা এবং উচ্চপদস্থ অফিসারদের থেকে সংরক্ষণের আশ্বাস প্রদান করে। ভাবী ঘটনাগুলোর সম্বন্ধে এই সংখ্যা অত্যন্ত শুভ আর প্ল্যান-প্রোগ্রামে সফলতার পরিচায়ক হয়।

সংখ্যা 24 ঃ এই সংখ্যাও শুভ হয়। এই সংখ্যা প্ল্যান-প্রোগ্রামে উচ্চপদস্থ অফিসারদের সহায়তা আর সহযোগের পরিচায়ক হয়। এই সংখ্যা বিপরীত লিঙ্গের ব্যক্তিদের থেকে লাভ প্রাপ্তির পরিচায়ক হয়। ভাবী ঘটনাগুলোর সম্বন্ধে এটা এক শুভ সংখ্যা হয়।

সংখ্যা 25 ঃ এই সংখ্যা অভিজ্ঞতা দ্বারা প্রাপ্ত শক্তি এবং লোক আর বস্তুগুলোর পরীক্ষণ দ্বারা প্রাপ্ত লাভের পরিচায়ক হয়। এই সংখ্যাকে সঠিক অর্থে ভাগ্যশালী বলা চলে না... কারণ এর দ্বারা প্রারম্ভিক জীবনে সংঘর্ষ আর কষ্টের পরে সফলতা প্রাপ্ত হয়। ভবিষ্যতের সম্বন্ধে এই সংখ্যা শুভ হয়।

সংখ্যা 26 ঃ এই সংখ্যা ভবিষ্যতের জন্য গম্ভীরতম চ্যালেঞ্জে পরিপূর্ণ হয়। এতে অন্যদের সাথে যোগাযোগ দ্বারা দুর্ভাগ্য, ভুল সাট্টাবাজী, অংশীদারী এবং খারাপ পরামর্শ দ্বারা বিনাশের সম্ভাবনা নিহিত হয়ে থাকে। ভাবী ঘটনাগুলোর সম্বন্ধে এর থেকে এই সংকেত পাওয়া যায় যে, জাতকের প্রতিটি পদক্ষেপ অত্যন্ত ভেবে-চিন্তে ফেলা উচিত।

সংখ্যা 27 ঃ এটা এক ভালো সংখ্যা হয়। এর প্রতীক এক ভূ-দৃশ্য হয়। এই সংখ্যা অধিকার, শাসন ক্ষমতা আর নেতৃত্বের আশ্বাস প্রদান করে। এই সংখ্যা এটা জানায় যে, বুদ্ধির উর্বরতা দ্বারা পুরস্কার প্রাপ্ত হবে... সৃজনশীল গুণগুলো দ্বারা বপন করা বীজের ফসল প্রাপ্ত হবে। এই যৌগিক সংখ্যার ব্যক্তিদের নিজেদের বিচারধারা আর প্ল্যান-প্রোগ্রাম পূরণ করা উচিত। ভাবী ঘটনাগুলোর সম্বন্ধে এটা এক শুভ সংখ্যা হয়।

সংখ্যা 28 ঃ এই সংখ্যা বিরোধাভাসে পরিপূর্ণ হয়। এই সংখ্যা ব্যক্তিকে বড়-বড় আশ্বাস প্রদান করে আর বড়-বড় সম্ভাবনা দেখায়... কিন্তু ব্যক্তি যদি ভবিষ্যতের জন্য যত্নপূর্বক সঞ্চয় করে না রাখে... তাহলে তার থেকে সব কিছু ছিনিয়েও নেয়। এই সংখ্যা অন্যদের ওপরে বিশ্বাস করলে, বিরোধিতা আর প্রতিযোগিতা দ্বারা লোকসান, আইন দ্বারা ক্ষতি আর জীবনকে বার-বার নতুন করে শুরু করার সম্ভাবনা ব্যক্ত করে। ভাবী ঘটনাগুলোর সম্বন্ধে এই সংখ্যা শুভ সংকেত প্রদান করে না।

সংখ্যা 29 ঃ এই সংখ্যা অনিশ্চয়তা, বিশ্বাসঘাতকতা আর অন্যদের ছল-কপটতাকে ব্যক্ত করে। এই সংখ্যা কস্ট, সমস্যা, অপ্রত্যাশিত সংকট, অবিশ্বসনীয় বন্ধু আর বিপরীত লিঙ্গের কোন ব্যক্তি দ্বারা ধোঁকাবাজীর পরিচায়ক হয়। ভাবী ঘটনাগুলোর সম্বন্ধে এই সংখ্যা গম্ভীর সতর্কবার্তা প্রদান করে।

সংখ্যা 30 ঃ এই সংখ্যা বিচারশীল নিস্কর্ষ, অতীতের ঘটনাগুলোর নিরীক্ষণ আর সাথীদের থেকে অধিক প্রতিভার পরিচায়ক হয়। কিন্তু পূর্ণ রূপে মানসিক ধরাতলের সংখ্যা হওয়ার কারণে জাতক দ্বারা ভৌতিক বস্তু এক পাশে সরিয়ে রাখার সম্ভাবনা রয়েছে। অজান্তে নয়... বরং জেনে-শুনে। এজন্য এই সংখ্যা না তো শুভ হয়... না অশুভ হয়। এই দুটো জিনিষ জাতকের মানসিক দৃষ্টিকোণের ওপরে নির্ভর করে। এই সংখ্যা অত্যন্ত প্রখর হতে পারে... কিন্তু জাতকের ইচছা না হলে উদাসীনতাও ধারণ করতে পারে।

সংখ্যা 31 ঃ এই সংখ্যা অনেকটাই আগের সংখ্যার মত হয়। কেবল জাতক অধিক আত্ম-সীমিত, একাকী আর নিজের সাথীদের থেকে দূরে সরে থাকেন। সাংসারিক দৃষ্টিকোণ থেকে এই সংখ্যা শুভ হয় না।

সংখ্যা 32 ঃ এই সংখ্যায় এক একক সংখ্যা 05 বা যৌগিক সংখ্যা 14 এবং 23-য়ের মত জাদু-শক্তি থাকে। এই সংখ্যা ব্যক্তি বা রাষ্ট্রের সঙ্ঘের সাথে সম্বন্ধিত হয়। যদি জাতক নিজের নির্ণয় বা পথে অটল হয়ে থাকেন... তাহলে এই সংখ্যা শুভ হয় এবং অটল হয়ে না থাকতে পারলে অন্যদের জেদ আর মূর্খতার কারণে জাতকের সমস্ত প্ল্যান-প্রোগ্রাম চৌপাট হয়ে পড়তে পারে। ভাবী ঘটনাগুলোর সম্বন্ধে এই সংখ্যা শুভ মনে হয়।

সংখ্যা 33 ঃ এই সংখ্যায় নিজস্ব কোন শক্তি থাকে না। পরিণামস্বরূপ এই সংখ্যারও সেই অর্থ হয়... যে অর্থ সংখ্যা 24-য়ের হয় বা একক সংখ্যা 06 যুক্ত পরবর্তী যৌগিক সংখ্যার হবে।

সংখ্যা 34 ঃ সংখ্যা 25-য়ের অর্থের সমান।

সংখ্যা 35 ঃ সংখ্যা 26-য়ের অর্থের সমান।

সংখ্যা 36 ঃ সংখ্যা 27-য়ের অর্থের সমান।

সংখ্যা 37 ঃ এই সংখ্যার নিজস্ব গুরুত্ব থাকে। প্রেমের ক্ষেত্রে এই সংখ্যা ভালো আর শুভ মিত্রতার সংখ্যা হয়। বিপরীত লিঙ্গের ব্যক্তিদের সাথে সম্বন্ধে এবং সকল প্রকারের অংশীদারীর জন্যও এই সংখ্যা শুভ হয়। ভাবী ঘটনাগুলোর সম্বন্ধে এই সংখ্যা থেকে শুভ সংকেত প্রাপ্ত করার সম্ভাবনা রয়েছে।

সংখ্যা 38 ঃ সংখ্যা 29-য়ের অর্থের সমান।

সংখ্যা 39 ঃ সংখ্যা 30-য়ের অর্থের সমান।

সংখ্যা 40 ঃ সংখ্যা 31-য়ের অর্থের সমান।

সংখ্যা 41 ঃ সংখ্যা 32-য়ের অর্থের সমান।

সংখ্যা 42 ঃ সংখ্যা 33-য়ের অর্থের সমান।

সংখ্যা 43 ঃ এটা হচ্ছে এক অশুভ সংখ্যা। এই সংখ্যা বিদ্রোহ, ওঠা-নামা, সংঘর্ষ, ব্যর্থতা এবং বাধার পরিচায়ক হয়। ভাবী ঘটনাগুলোর সম্বন্ধেও এই সংখ্যা শুভ নয়।

সংখ্যা 44 ঃ সংখ্যা 26-য়ের অর্থের সমান।

সংখ্যা 45 ঃ সংখ্যা 27-য়ের অর্থের সমান।

সংখ্যা 46 ঃ সংখ্যা 28-য়ের অর্থের সমান।

সংখ্যা 47 ঃ সংখ্যা 29-য়ের অর্থের সমান।

সংখ্যা 48 ঃ সংখ্যা 30-য়ের অর্থের সমান।

সংখ্যা 49 ঃ সংখ্যা 31-য়ের অর্থের সমান।

সংখ্যা 50 ঃ সংখ্যা 32-য়ের অর্থের সমান।

সংখ্যা 51 ঃ এই সংখ্যার মধ্যে নিজস্ব অত্যন্ত শক্তিশালী প্রভাব থাকে। এই সংখ্যা যোদ্ধার প্রকৃতির পরিচায়ক হয়। এই সংখ্যা প্রচেস্টায় আকস্মিক উন্নতির আশ্বাস প্রদান করে। সৈনিক বা নৌ-সৈনিকের জীবন কাটাতে থাকা এবং নেতাদের

পক্ষে এই সংখ্যা বিশেষ রূপে শুভ হয়। এর সাথে-সাথেই এই সংখ্যা শত্রু, সংকট এবং হত্যার সম্ভাবনার ব্যাপারেও জানায়।

সংখ্যা 52 ঃ সংখ্যা 43-য়ের অর্থের সমান।

এই 52 সংখ্যা বছরের 52 সপ্তাহের প্রতিনিধি হয়... এর থেকে সামনের দিকে এগোনোর কোন ব্যবহারিক লাভ হয় না। এই সব যৌগিক সংখ্যাগুলোকে একক সংখ্যাগুলোর সাথে মিলিয়ে ফল প্রাপ্ত করার নিয়ম হচ্ছে – যে বিধির ব্যাপারে জানতে হবে, সেটাকে নামের যৌগিক সংখ্যার সাথে যোগ করে দিন। যে সংখ্যা প্রাপ্ত হবে, সেটাকে উপরোক্ত সংকেত অনুসারে পড়ে নিন।

❑❑❑

15

মূল এবং সংযুক্ত সংখ্যা ঃ প্রয়োগ বিধি

নিজের কিছু রচনার প্রকাশন ক্রমে আমার এক বিস্তৃত রচনা লণ্ডনের এক প্রমুখ সংবাদপত্রে প্রকাশিত হয়েছিল। সেই রচনা প্রকাশিত হওয়ার পরে আমি নিজের পাঠকদের থেকে হাজার-হাজার পত্র প্রাপ্ত করি... যেসব পত্রে লোকেরা এটা জানতে চেয়েছিলেন যে, নাম আর জন্মের সংখ্যার মধ্যে সামঞ্জস্য কি ভাবে স্থাপন করা যেতে পারে ? এই জিনিষটা বোঝানোর জন্য আমি এখানে কিছু উদাহরণ দিচ্ছি।

যদি কন্যার সংখ্যা নামের অনুকূল হয়... তাহলে তার পারস্পরিক প্রভাবও অনুকূল হবে এবং যদি সেই সংখ্যা অনুকূল অথবা শুভ অর্থ প্রদানকারী হয়... তাহলে সফলতার আরও অধিক সম্ভাবনা থাকে।

এখানে আমার বক্তব্য স্পস্ট করার জন্য আগের অধ্যায়ে দেওয়া জন স্মিথের উদাহরণ দেখুন ঃ

J = 01
O = 07
H = 05
N = 05

18 = 01 + 08 = 09

S = 03
M = 04
I = 01
T = 04
H = 05

17 = 01 + 07 = 08

জনের মূল (একক) সংখ্যা হচ্ছে 09 এবং স্মিথের একক মূলাঙ্ক হচ্ছে 08। এই দুটো সংখ্যাকে পরস্পরের সাথে যোগ করলে তৈরী হয় 09 + 08 = 17 = 01 + 07 = 08। এই প্রকার জন স্মিথের নামের মূল সংখ্যা 08 তৈরী হল। যদি জনের জন্ম এমন কোন তারিখে হয়ে থাকে... যেটারও মূল সংখ্যা আট (08)-ই তৈরী হয়... তাহলে সেই জন্ম তারিখকে নামের সংখ্যার অনুকূল মানা হবে অর্থাৎ যদি তাঁর জন্ম কোন মাসের 08, 17 বা 26 তারিখে হয়... তাহলে সেটা অনুকূল সংখ্যা হয়। এমনিতে সংখ্যা 08-কে ভাগ্যশালী মানা হয় না... কিন্তু দুটি সংখ্যা অনুকূল হওয়ার কারণে এতে পারস্পরিক বিরোধিতা থাকে না। এজন্য যদি জন নিজের কাজ মাসের এমন কোন তারিখে শুরু করে... যেটার মূল সংখ্যা 08 তৈরী হয়, যেমন – 08, 17 বা 26... তাহলে সে এমনটা দেখতে পাবে যে, ভাগ্য তার অনুকূলে কাজ করছে।

এর ঠিক বিপরীত, যদি তার জন্ম-তারিখের মূল সংখ্যা 02 হয় অর্থাৎ যদি তার জন্ম কোন মাসের 11, 20 বা 29 তারিখে হয়... তাহলে তার নাম আর জন্মের সংখ্যা পরস্পরের অনুকূল প্রভাবযুক্ত হবে না আর সে কখনো এমন নির্ণয় গ্রহণ

করতে পারবে না যে, তার নিজের জরুরী কাজ মাসের ঠিক কোন্ দিনে শুরু করা উচিত? এই প্রকারে এই জিনিষটা তার পক্ষে এক ঝামেলা হয়েই থেকে যাবে।

এমন পরিস্হিতিতে তার ঠিক কি করা উচিত? সে নিজের জন্ম-তারিখ তো বদলাতে পারবে না। হ্যাঁ, সে নিজের নামের সংখ্যা বদলাতে পারে। এমনটা সে নিজের নামের সাথে সি (C), জি (G), এল (L), জেড (Z) অথবা এস (S) যেমন – জন সি. স্মিথ বা জন জি. স্মিথ যুক্ত করে, নিজের নামের মূল সংখ্যা 03 বানাতে পারে। এই প্রকার তার নামের সংযুক্ত সংখ্যা 17-র সাথে 03 যোগ দেওয়া হলে সেটা 20 হয়ে পড়বে অর্থাৎ সেটার মূল সংখ্যা 02 হয়ে পড়বে। এই প্রকারের পরিবর্তন দ্বারা দুটো – জন্ম আর নাম – সংখ্যা পারস্পরিক অনুকূল প্রভাবের হয়ে পড়বে। তখন সে নিজের কাজ আর প্ল্যান-প্রোগ্রামগুলোর জন্য এমন কোন দিন বেছে নিতে পারবে... যেটার যোগফল 02 হবে, যেমন – 02, 11, 20 বা 29 তারিখ ইত্যাদি। এই সব তারিখগুলো তার কাজের পক্ষে সর্বদাই অনুকূল হবে।

যদি জন স্মিথ কোন মাসের 09, 17 বা 26 তারিখে জন্ম গ্রহণ করে থাকে অর্থাৎ তার নামের মূল সংখ্যা যদি 08 হয়... তাহলে তার নিজের নামের অক্ষর বা সংখ্যা বদলানো উচিত নয় আর যেমনটা আমি সংখ্যা 08-য়ের বর্ণনা করার সময় জানিয়েছি... তার সেই অনুসারে ব্যবহার করা উচিত।

নিশ্চিত রূপে এটা এক সরল আর স্পস্ট নিয়ম আর এমন অসংখ্য লোকেদের জন্য এই নিয়ম সহায়ক হবে... যাঁরা নিজেদের জন্ম আর নামের সংখ্যাকে নিজেদের অনুকূল বানাতে চান।

যদি কোন ব্যক্তি এমন বিভিন্ন তারিখে জন্ম গ্রহণ করে থাকেন... যেগুলোর সংখ্যা 04 বা 08 তৈরী হয়... তাহলে এমন ব্যক্তিদের ভৌতিক কার্যে সফলতা প্রাপ্তির জন্য নিজেদের নামের সাথে এমন কোন অক্ষর যুক্ত করে নেওয়া উচিত... যেগুলোর যোগফল 04 বা 08 না হয়ে 01, 03, 06 বা 09 হয়। এই প্রকারে তাঁদের মধ্যে অনুকূলতা এসে পড়বে আর ভালো পারস্পরিক প্রভাবও বজায় থাকবে। এই পরিবর্তনের কারণে তাঁদের নিজেদের কাজে সফলতা, প্রসন্নতা, সিদ্ধি প্রাপ্ত হবে এবং গ্রহ পরিবর্তন ভাগ্যশালী প্রমাণিত হবে।

এর সাথে-সাথেই 04 বা 08 সংখ্যার ব্যক্তিদের আমি এমন পরামর্শ দেব যে, ওনারা যখন নিজেদের নামের অক্ষরগুলোর পরিবর্তন করে সেটার সংখ্যা 01, 03, 06 বা 09 বানিয়ে নেন... তখন তাঁদের আমার দ্বারা জানানো এই সব সংখ্যার সাথে সম্বন্ধিত রং আর রত্নেরও প্রয়োগ করা উচিত। এই প্রকারে আমার দৃঢ় বিশ্বাস যে, তাঁদের নিজেদের নামে পরিবর্তন করার কারণে পস্তাতে হবে না।

এর সাথে-সাথে শহরগুলোয় অথবা নগরগুলোয় বসবাসকারী ব্যক্তিদেরও আমি এমন পরামর্শ দেব যে, তাঁরা এমন সংখ্যা (নম্বর)-র বাড়ীতে থাকুন... যেটা তাঁদের নাম আর জন্ম তারিখের অনুকূল প্রভাবের হবে। বিশেষ রূপে এই জিনিষটা সেই সব ব্যক্তিদের জন্য আরও জরুরী হয়... যাঁদের জন্ম-সংখ্যা 08 আর নামের সংখ্যা 04 তৈর হয়। তাঁদের এমন বাড়ীতে থাকা উচিত নয়... যেটার মূল সংখ্যা 04 বা 08 তৈরী হয়।

❑❑❑

16

জন্ম সংখ্যা এবং সামঞ্জস্য

আমাদের দৈনন্দিন কার্য-কলাপে আর সেই সমস্ত ব্যক্তিদের জন্য... যাঁদের এই বিদ্যার ব্যাপারে সম্পূর্ণ জ্ঞান নেই... জন্ম সংখ্যার প্রয়োগ আর ব্যবহার সব থেকে সহজ, সরল এবং স্পষ্ট হয়। এর দ্বারা অধিকারপূর্বক এবং সংকল্পের সাথে এমন তারিখের ব্যাপারে জানতে পারা যায়... যেগুলোর জন্ম সংখ্যার সাথে সামঞ্জস্য থাকবে আর যেদিনটায় কোন প্রমুখ কাজ করা সঠিক হবে।

উদাহরণ হিসেবে কোন মাসের সংখ্যা 01-য়ের 01, 10 বা 28 তারিখে জন্ম গ্রহণ করা কোন ব্যক্তির পক্ষে সব থেকে সুরক্ষিত দিনের রূপে অথবা গুরুত্বপূর্ণ কাজ করার দিন হিসেবে, এগুলোর মধ্যে কোন একটা তারিখ বেছে নেওয়াটা নিরাপদ হবে। যেমন সংখ্যা 04 যেহেতু সংখ্যা 01-য়ের জন্য স্ত্রী বা নেতিবাচক প্রভাবের হয়... সুতরাং সংখ্যা 01-য়ের কিছু বিশেষ গুণের কারণে একে সহায়ক সংখ্যার রূপে গ্রহণ করা যেতে পারে... কিন্তু আমি এমন পরামর্শ দেব না যে, এই সংখ্যাকে সাংসারিক অথবা ভৌতিক সিদ্ধি বা শুভারম্ভের জন্য বেছে নেওয়া উচিত। এমনটা দেখতে পাওয়া গেছে যে, এই সংখ্যা 04 আপনা থেকেই সংখ্যা 01-য়ের ব্যক্তিদের জীবনে বাধা হয়ে ওঠে। এটা দেববাদী সংখ্যা হয় আর এর প্রভাব এই সংখ্যার ব্যক্তিদের জন্য কখনোই প্রসন্নতাদায়ক হয় না। এই সব কিছু সেই ব্যক্তির নিয়ন্ত্রণের বাইরের ব্যাপার হয়। আমার কাছে সংখ্যা 01-য়ের এমন অনেক ব্যক্তিদের উদাহরণ রয়েছে... যাঁদের সংখ্যার 04-য়ের তারিখ, যেমন – 04, 13, 22 বা 31 তারিখে হয় দুর্ঘটনার শিকার হতে হয়েছে, নয়তো এই তারিখগুলোর মধ্যে কোন একটা তারিখে তাঁদের মৃত্যু হয়ে পড়েছে অথবা অন্য কোন দুঃখদায়ক ঘটনা ঘটেছে। এই প্রকার সংখ্যা 04-য়ের কারণে তাঁদের জীবনে কোন গুরুত্বপূর্ণ ঘটনাও ঘটেছে। এমনটাও দেখতে পাওয়া গেছে যে, সংখ্যা 01-য়ের ব্যক্তি খুব সহজেই এমন বাড়ীতে থাকতে লাগেন... যেসব বাড়ীর সংখ্যা-যোগ 04 হয় অথবা তাঁরা 04, 13, 22, 31, 40, 49 ইত্যাদি সংখ্যার রাস্তায় বাস করতে বাধ্য হয়ে ওঠেন। এই সব সংখ্যার বাড়ী বা গলি বা রাস্তা তাঁদের জীবনে কোন ঘটনার কারণে অত্যন্ত গুরুত্বপূর্ণ হয়ে ওঠে আর আমি এমনটাও দেখেছি যে, তাঁদের ভৌতিক রূপে কোন লাভই হয়নি।

যেসব ব্যক্তিদের জন্ম তারিখের সংখ্যা 01 তৈরী হয়... তাঁদের পক্ষে শুভ সংখ্যা হচ্ছে 02 আর 07 অথবা যেগুলোর যোগফল দ্বারা সংখ্যা 02 বা 07 তৈরী হয়, যেমন – 11, 16, 20, 25 বা 29 ইত্যাদি। এনাদের জন্য সংখ্যা 02, 07, 11, 16, 20, 25, 29 আর 34 ইত্যাদি সংখ্যার বাড়ী সাধারণতঃ প্রতিকূল হয় না। যেহেতু এই সব সংখ্যার সম্বন্ধ পরিবর্তন আর অস্থির পরিস্থিতির সাথে থাকে... সেজন্য সংখ্যা 01-য়ের ব্যক্তি সংখ্যা 02 আর সংখ্যা 07-য়ের বাড়ীতে কখনো-সখনো থাকতে পারেন আর তাঁদের এমন পরিস্থিতির প্রাপ্তি হয়... যাতে তাঁরা নিজেদের মামলা সেরে নিতে পারেন।

পারস্পরিক অনুকূলতা আর প্রভাব-নিয়মের অধীন এই ব্যাপারে কোন সন্দেহই করা

চলে না যে, সংখ্যা 01-য়ের ব্যক্তিদের এই সংখ্যার সাথে সম্বন্ধিত অর্থাৎ এই সংখ্যার সাথেই সম্বন্ধিত বা সংযুক্ত হওয়া উচিত এবং সংখ্যা 02-য়ের ব্যক্তিদের সংখ্যা 02-য়ের সাথেই সম্বন্ধিত থাকা উচিত। এই প্রকার সংখ্যা 04 আর সংখ্যা 08-য়ের ব্যক্তিদেরও নিজেদের সংখ্যার সাথেই সম্বন্ধিত হয়ে থাকা উচিত। কেবলমাত্র সংখ্যা 04 আর সংখ্যা 08-য়ের সম্বন্ধে সেই সব সংখ্যা কখনো নেওয়া উচিত নয়... যেগুলো এদের বিচিত্র প্রভাবকে আরও বেশী বাড়িয়ে তোলে – বরং এমন সংখ্যা নেওয়া উচিত... যেগুলোর প্রভাব বেশী ভাগ্যশালী আর শুভ হবে।

এখানেই নামের সাথে সম্বন্ধিত সংখ্যার শক্তি আর জ্ঞানের উপযোগের আবশ্যকতা হয়। যদি সংখ্যা 04 আর সংখ্যা 08-য়ের ব্যক্তি সংখ্যার অধিক শুভ প্রভাব চান... তাহলে তাঁরা নিজেদের নামের সংখ্যায় পরিবর্তন এনে এমনটা করতে পারেন। জন্মের সংখ্যায় তো পরিবর্তন করা সম্ভব হয় না... কিন্তু এমন অবস্থায় তাঁরা নিজেদের নামের সংখ্যা পরিবর্তন করে শুভ ফল আর প্রভাব প্রাপ্ত করতে পারেন। এই কাজটা তাঁদের এমন ভাবে করা উচিত... যাতে তাঁদের নামের সংখ্যা তাঁদের ভাগ্যশালী জন্ম-সংখ্যার অনুকূল হয়ে পড়ে।

এখানে একটা উদাহরণ দ্বারা ব্যাপারটাকে স্পষ্ট করা যেতে পারে। ধরে নিন যে, যদি কোন স্ত্রী বা পুরুষের জন্ম-সংখ্যা 17 অথবা 26 ফেব্রুয়ারী হয় আর তাঁর নামের সংখ্যাগুলোর যোগফল 01, 03, 05 বা 06 তৈরী হয়... তাহলে এমন ব্যক্তিদের আমি এমন পরামর্শ দেব যে, তাঁরা নিজেদের কাজের জন্য সংখ্যা 08-য়ের ব্যবহার ত্যাগ করে দিন আর সেই জায়গায় ওনাদের নাম থেকে প্রাপ্ত সংখ্যা 01, 03, 05 বা 06-য়ের প্রয়োগ করুন। সংখ্যা 04-য়ের ব্যক্তিদেরও এমনটাই করা উচিত।

আপনারা এটা দেখে থাকবেন যে, আমি এখানে সংখ্যা 09-য়ের উল্লেখ করিনি। এর প্রয়োগ না করার পেছনে এই নিয়ম কাজ করে যে, সংখ্যা 04-য়ের প্রতীক য়ুরেনাস হয় আর সংখ্যা 08 শনি গ্রহের প্রতিনিধিত্ব করে। এই প্রকার এই দুটি 09-য়ের প্রতি নিজেদের গুণ আর প্রভাবে একে-অপরের প্রচণ্ড বিরোধী আর বাধা প্রদানকারী হয়ে ওঠে... কারণ সংখ্যা 09 মঙ্গলের প্রতীক হয়। এজন্য এই দুটো সংখ্যাকে পরস্পরের থেকে আলাদা রাখাটাই ভালো হয়।

যেসব ব্যক্তি তন্ত্রের ব্যাপারে অনভিজ্ঞ... তাঁদের হয়তো আমার এমন বক্তব্য কিছুটা অদ্ভূত মনে হতে পারে... কিন্তু আপনাদের আমার কথায় বিশ্বাস করা উচিত যে, উক্ত নিয়ম অবাস্তবিক অনুমানের আধারে নিৰ্দ্ধারিত করা হয়নি। এটা গ্রহগুলোর বিজ্ঞানের ওপরে আধারিত আর যেসব লোকেরা জ্যোতিষের কিছুটা হলেও অধ্যয়ণ করেছেন... তাঁরা আমার এই বক্তব্যকে নিশ্চয়ই মেনে নেবেন যে, মঙ্গল (09) আর শনি (08) অথব য়ুরেনাস (04) ইত্যাদি গ্রহগুলোর মিল ভালো হয় না আর এর ফলে সকল প্রকারের বিপত্তি আর দুর্ঘটনার সংকেত প্রাপ্ত হয়।

নিজের বক্তব্যে ফিরে এসে আমি আবার এক বার বলছি যে, আমার এমন বক্তব্যের তাৎপর্য হচেছ এই যে, জন্মের সংখ্যা জীবনকে প্রভাবিত করা মুখ্য সংখ্যা হয় আর সেটাকে বদলানো যায় না। দ্বিতীয়, এর জন্মকালীন গ্রহের সাথে সম্বন্ধ থাকে আর তৃতীয়, এর প্রভাব সেই সব নির্জীব বস্তুগুলোর অণুগুলোর ওপরে অবশ্যই পড়ে... যেটা আমরা বুঝতে পারি না। এই সব কারণে জন্মের সময়ে গ্রহগুলোর অনুকূলতা আর প্রভাব নির্দিষ্ট হয়। এই প্রভাব জন্ম থেকে শুরু করে মৃত্যু পর্যন্ত মনুষ্যের কাজের ওপরে পড়তে থাকে।

এছাড়া জন্ম-সংখ্যা আমাদের জীবনের ভৌতিক পক্ষের সাথে সম্বন্ধিত থাকে এবং

নামের সংখ্যা আমাদের জীবনের তন্ত্র অথবা আধ্যাত্মিক পক্ষের সাথে সম্বন্ধিত থাকে।

নামের সংখ্যার সম্বন্ধে সুনিশ্চিত হওয়াটা অধিক কঠিন হয়... কারণ এটা নামের সেই ভাগেরই সংখ্যা হওয়া উচিত... যে ভাগটা বেশী প্রচলিত। সাধারণ নর-নারীদের পক্ষে এই সম্বন্ধে নিশ্চিত হওয়াটা কঠিন হয়... কারণ কিছু লোক নিজেদের আসল আর পুরো নামের তুলনায় উপনাম বা জাতিবাচক নাম দ্বারাই বেশী প্রসিদ্ধ হন। কিছু-কিছু স্ত্রীদের তাঁদের পুরো নামের বদলে ভালবেসে তাঁদের ঘরোয়া নাম দ্বারাই ডাকা হয়ে থাকে। এজন্য নামের সংখ্যা বার করতে অনেক প্রকারের ভুল হতে পারে... যখন কি জন্ম-সংখ্যা না বদলানোর কারণে কোন ভুল হতে পারে না। এই প্রকারে মুখ্য আধারের রূপে মূল সংখ্যাকে প্রযুক্ত করা উচিত।

এখনও যদি কেউ এমনটা মনে করেন যে, তিনি ঠিক আর যদি নামের সংখ্যা জন্ম-সংখ্যার অনুরূপ অথবা কোন রূপে সেটার অনুকূল হয়... তাহলে এর থেকে ভালো কথা আর কি হতে পারে!

যদি নামের সংখ্যা জন্ম-সংখ্যার অনুকূল না হয়... তাহলে নামের অক্ষরগুলোয় কিছু পরিবর্তন করে নেওয়া উচিত... যাতে সেটা অনুকূল প্রভাব আর অবস্থার হয়ে ওঠে। আমার পরামর্শ হচ্ছে এই যে, সংখ্যা 04 আর সংখা 08-য়ের ব্যক্তিদের বাদ দিয়ে বাকী সবার এই প্রকারের পরিবর্তনের দ্বারা লাভ ওঠানো উচিত। সংখ্যা 04 আর সংখ্যা 08-য়ের সম্বন্ধে শুরুতেই বলা হয়েছে।

যেসব লোকেদের তন্ত্র-বিদ্যা আর প্রতীকগুলোর ব্যাপারে গভীর জ্ঞান রয়েছে... তাঁরা নিজেদের ভাগ্য এবং ভাবী জীবনকে আরও বেশী সুন্দর রূপ প্রদান করার জন্য উপনাম আর পূর্ণ নামের প্রয়োগ করতে পারেন। কিন্তু আমি এই পুস্তক জনসাধারণের জন্য লিখছি... যাঁরা সরলতাপূর্বক নিজেদের সহায়তা করতে চান আর যাঁদের কাছে এই সব জিনিষের গভীর অধ্যয়ণ করার মত সময় নেই। তাঁদের আমি কেবল এইটুকুই বলতে চাই যে, তাঁরা নিজেদের জন্ম-সংখ্যার সাথে সম্বন্ধিত নিয়মের অনুসরণ করুন... যেটার বর্ণনা এখানে করা হচ্ছে।

নোট ঃ জন্ম-সংখ্যা বার করার জন্য মাস আর বছরের সংখ্যা বার করার বা যোগ করার কোন আবশ্যকতা নেই... কারণ জন্মদিনই অধিক ব্যক্তিগত আর অনুকূল হয়।

মাসের সংখ্যা সাধারণ মামলায় আর বছরের সংখ্যা ব্যাপক রূপে বর্তমান চালু ঘটনাগুলোর সাথে সম্বন্ধিত আর লাভপ্রদ হয়।

উদাহরণ ঃ কোন ব্যক্তির জন্ম 09 জুন, 1866 হলে সেটা এই ভাবে লেখা হবে ঃ

06..........= 06 (ব্যক্তিগত রূপে)

জুন..........= 05 (সাধারণ মামলায়)

1866 = 01 + 08 + 06 + 06 = 21 = 03 (বর্তমান কালে)

এই প্রকার সংখ্যা 06, 05 আর 03-কে আলাদা-আলাদা অর্থে দেখা উচিত... সেগুলোকে এক সঙ্গে যুক্ত করা উচিত নয়।

বছরের সংখ্যার যোগফল থেকে যে সংখ্যা বার হয়... সেটা ভাগ্যচক্রে গুরুত্বপূর্ণ বছরের প্রদর্শন করে।

উদাহরণ ঃ

1866 = 21

1866 + 21 = 1887 = 24

এই সম্বন্ধে অধিক তথ্য উইলিয়াম 01-য়ের উদাহরণে দেওয়া হয়েছে।

❑❑❑

17

নাম এবং সংখ্যার কিছু উদাহরণ

সংখ্যা 01 থেকে সংখ্যা 09 পর্যন্ত সকল গোপন অথবা তন্ত্র-রহস্য এবং সেগুলোর গুরুত্বকে ছোট্ট এই পুস্তকে সমাহিত করতে পারা বা বিস্তারিত ভাবে ব্যাখ্যা করাটা অত্যন্ত কঠিন হয়... সেজন্য আমি কিছু উদাহরণের মাধ্যমে আপনাদের এটা জানাব যে, হিব্রু বর্ণমালার অক্ষরগুলোকে যে সংখ্যা প্রদান করা হয়েছে, সেটার আর নামের ভাগ্যের সাথে কি সম্বন্ধ রয়েছে আর সেই দুটো কি ভাবে একে-অপরের সাথে সম্বদ্ধ।

মহান নেপোলিয়ন প্রথমে নিজের নাম নেপোলিয়ন বোনাপার্টে (NEPOLEON BUONAPARTE) লিখতেন... পরে উনি নিজের নামে পরিবর্তন করেন আর 'বোনাপার্টে'-য়ের 'ইউ' (U) সরিয়ে নিজের নাম লিখতে লাগেন। এই পরিবর্তনের অত্যন্ত গুরুত্বপূর্ণ প্রভাব পড়ে।

নেপোলিয়ন শব্দের সংখ্যা 05 হয়ে পড়ল (NEPOLEON)

বোনাপার্টে শব্দের সংখ্যাও 05 হয়ে পড়ল (BUONAPARTE)

যেমনটা আমি আগেই জানিয়েছি যে, সংখ্যা 05 জাদু প্রভাব রাখে আর প্রাচীন য়ুনানী লোকেরা যুদ্ধে যাওয়ার সময় একে শুভ চিহ্নের রূপে নিজেদের সঙ্গে করে নিয়ে যেত। দুটি 05 সংখ্যা এক সাথে যোগ করলে সংখ্যা 10 প্রাপ্ত হয়... এটাও ঠিক ততটাই গুরুত্বপূর্ণ হয় আর বিশেষ রূপে এই নামে তো আরও বিচিত্র রূপে গুরুত্বপূর্ণ হয়।

যখন নেপোলিয়ন নিজের নাম বোনাপার্টে থেকে 'U' বার করে দিলেন... তখন BONAPARTE-র সংখ্যা 08 তৈরী হল। এই প্রকারে সেটার প্রভাব আর দৃষ্টি বদলে গেল। আপনারা এই সংখ্যার সম্বন্ধে পড়েছেন যে, নিম্ন পক্ষে এর প্রভাব ওঠা-নামা, বিপ্লব, অব্যবস্থা, লুট-মার, মানবিক ন্যায়ের প্রতি বিদ্রোহ আর শেষে এর প্রভাব জীবনের দুঃখজনক সমাপ্তি হয়। নেপোলিয়ন এক মহান ব্যক্তি হওয়া সত্ত্বেও নিম্ন পক্ষকে দেখলে আপনারা এটা জানতে পারবেন যে, কি প্রকার 08 (শনি) আর 09 (মঙ্গল) তাঁর জীবনের প্রমুখ ঘটনাগুলোকে প্রভাবিত করেছিল। বোনাপার্টে থেকে (ইউ) (U) বার করে দেওয়ার পরে ওনার নামের সংখ্যা 13 তৈরী হয়। এই সংখ্যার প্রতীক হচ্ছে – 'কঙ্কাল, এক করাত লোকেদের কাটছে।' এর চিহ্ন

'শক্তি'-ও হয়... কিন্তু এর ভুল উপযোগ করা হলে এটা বিনাশের কারণ হয়ে ওঠে।

নেপোলিয়নের জীবনেও এমনটাই ঘটেছিল। এজন্য এই সম্বন্ধে খুব বেশী বিশ্লেষণ করার কোন আবশ্যকতা নেই।

এখানে আমি জাহাজদের নাম আর সেগুলোর সংখ্যার গুরুত্বের কিছু উদাহরণ দিচ্ছি ঃ-

সংযুক্ত রাজ্য আমেরিকার এক যুদ্ধ জাহাজের নাম 'মেন' (Main) ছিল। অত্যন্ত রহস্যপূর্ণ ভাবে হাভানা বন্দরে সেই জাহাজটায় বিস্ফোরণ হয় এবং জাহাজে সওয়ার সকল যাত্রীরা মারা যান। 'মেন' শব্দের সংযুক্ত সংখ্যা 16 তৈরী হয়... যার প্রতীক হচ্ছে – 'বাজ পড়ার কারণে ধ্বস্ত মানুষ।' এই যুদ্ধ জাহাজে কি করে বিস্ফোরণ হয়েছিল... সেই ব্যাপারে আজ পর্যন্ত কিছুই জানা যায়নি – কিন্তু এই কারণে আমেরিকা স্পেনের বিরুদ্ধে যুদ্ধ ঘোষণা করে দিয়েছিল।

আরও একটি জাহাজ-দুর্ঘটনা হচ্ছে ওয়ারাটাহ (WARATAH)! এই জাহাজটি অস্ট্রেলিয়া থেকে রওনা হয়েছিল এবং নিজের সকল যাত্রী আর সম্পূর্ণ চালক দলের সাথের সমুদ্রে ডুবে গিয়েছিল... ঠিক যেন সমুদ্রা জাহাজটাকে গিলে নিয়েছিল। এই শব্দের সংযুক্ত সংখ্যা 20 তৈরী হয়... যার সম্বন্ধে আপনারা পড়েছেন যে, এর অর্থ হচ্ছে – 'নির্ণয়'। এর প্রতীক হচ্ছে – 'পাখনা ওয়ালা এক দেবদূত... যিনি বিগ্যুলে ফুঁ দিচেছন আর নীচে এক ব্যক্তি, এক মহিলা আর এক বাচ্চা প্রার্থনার মুদ্রায় হাত জোড় করে কবর থেকে বাইরে বেরিয়ে আসছে।'

অন্য আরও একটা উদাহরণ হচ্ছে লীনস্টার (LEINSTER) নৌকার... যেটা হোলি হেড এবং কিংসটাউন নগরের ডাক নিয়ে যেত আর যেটা আয়ারল্যাণ্ডের তটে পৌঁছনোমাত্র এক জার্মান সাব্‌মেরিন প্রথম বিশ্বযুদ্ধ (1914 - 18)-র অন্তিম মাসে সেটাকে ডুবিয়ে দিয়েছিল।

'লীনস্টার' শব্দের সংযুক্ত সংখ্যা 28 তৈরী হয়... যার অর্থ হচ্ছে – 'অন্যদের ওপরে বিশ্বাস করার কারণে হওয়া ক্ষতি।' এই নৌকায় প্রচুর সংখ্যায় সৈনিক আর যাত্রীরা ছিলেন। নিশ্চিত রূপে তাঁদের মনে এমন বিশ্বাস ছিল যে, কিংসটাউন বন্দর থেকে তাঁদের রক্ষা করার জন্য কোন বিধ্বংসক জাহাজ তাঁদের সাথে থাকবে... কিন্তু ওনাদের রক্ষা করার জন্য কোন বিধ্বংসক ছিল না। এই প্রশ্নের উত্তর আজ পর্যন্ত পাওয়া যায়নি যে, তাঁদের সাথে বিধ্বংসক পাঠানোর আজ্ঞা কেন দেওয়া হয়নি আর নৌকাটাকে একাই কেন যেতে হয়েছিল? পরিণাম এটাই হয়েছিল যে, রওনা হওয়ার এক ঘন্টার ভেতরেই সেটাকে ডুবিয়ে দেওয়া হয় আর প্রচুর সংখ্যক প্রাণ চলে যায়।

আমি সেই নৌকায় সওয়ার এমন দুজন ব্যক্তিকে চিনি... যাঁরা অন্তিম মুহূর্তে এটা জানতে পেরে যে, তাঁদের নামের সংযুক্ত সংখ্যা 28 হয়... সেই নৌকায় যাওয়া স্হগিত করে দেন। সেই নৌকার সংযুক্ত সংখ্যাও এটাই হত। ওনারা সংখ্যার এই প্রতীক আর অর্থের সম্বন্ধে এটা পড়েছিলেন যে, এই সংখ্যা ভাগ্যশালী নয়। এজন্য সেই দুই ব্যক্তি অন্তিম মুহূর্তে নিজেদের মালপত্র সেই নৌকা থেকে নামিয়ে নেন আর যাত্রা স্হগিত করে দেন। এই প্রকারে তাঁরা বেঁচে যান।

এটা অত্যন্ত স্বাভাবিক যে, যুদ্ধের সময় লোকেদের মনোযোগ বিশেষ রূপে সংকটের সতর্কবার্তার দিকেই থাকে। আমার কাছে এমন অনেক উদাহরণ রয়েছে... যেগুলোয় লোকেরা সংখ্যার এই পদ্ধতিকে গ্রহণ করে নিজেদের প্রাণের রক্ষা করেছেন। সেগুলোর মধ্যে একটা উদাহরণ বড়ই বিচিত্র। এক সৈনিক নিজের তোপখানার ব্যাটেলিয়নের পাশে বসে ক্লান্তি দূর করছিল। সে নিজের আশপাশের লোকেদের তাদের জন্মদিনের ব্যাপারে প্রশ্ন করছিল। এটা জেনে ও অত্যন্ত অবাক হয়ে উঠল যে, সেই সব লোকেদের প্রত্যেকেরই জন্ম-সংখ্যা 08 তৈরী হয়। স্বয়ং সেই সৈনিকের জন্মও 26 জানুয়ারী হয়েছিল। এই প্রকার তার জন্ম-সংখ্যাও 08 হয়। ওর এটা মাথায় এল যে, সেদিনটা হচ্ছে 17 ফেব্রুয়ারী... যেটার সংখ্যাও 08 হয়। সে নিজের আশপাশের কামানগুলোর সংখ্যা গুনে দেখল... সেগুলোর সংখ্যাও 08-ই ছিল। ততক্ষনে জার্মান কামান গোলা বর্ষন করা শুরু করে দিল। সেই সৈনিক গোলার সংখ্যা গুনতে লাগল আর সেগুলো ওর কাছাকাছি এগিয়ে আসতে লাগল। যখন সপ্তম গোলা এসে আছড়ে পড়ল... তখন আর সে থাকতে পারল না আর ও নিজের জায়গা ছেড়ে ছুট লাগাল। ততক্ষনে অষ্টম গোলা এসে আছড়ে পড়ল আর সব কিছু সমাপ্ত হয়ে পড়ল – কেবলমাত্র সেই সৈনিকটাই প্রাণে রক্ষা পেয়ে গেল!

❑❑❑

18

জীবনে কোন সংখ্যা বার-বার আসার উদাহরণ

আমার সংগ্রহে এমন অনেক উদাহরণ রয়েছে... যেগুলো দ্বারা জীবনের ঘটনাগুলোর ওপরে সংখ্যার প্রভাবের ব্যাপারে জানতে পারা যায়। সেই সব উদাহরণ অত্যন্ত আকর্ষয়ণীয়!

নীচের পত্রটি এই জিনিষটার এক বিচিত্র উদাহরণ যে, সংখ্যা কি প্রকারে একে-অপরের সাথে সম্বদ্ধ হয়ে থাকে ঃ-

নীচের খবরটি লণ্ডনের বেশ কিছু সংবাদপত্রে প্রকাশিত হয়েছিল ঃ

সুপ্রসিদ্ধ শিল্পী স্যার অল্মা তদেমা এমনটা জানিয়েছেন যে, ওনার গুরুত্বপূর্ণ সংখ্যা হচেছ 17! যখন প্রথম বার ওনার সাথে ওনার পত্নীর দেখা হয়েছিল... সেই সময় ওনার বয়স ছিল 17 বছর। উনি আগে যে বাড়ীটায় থাকতেন... সেটার নম্বরও 17 ছিল। উনি যেদিন নতুন করে নিজের বাড়ী বানানো শুরু করেন, সেদিনটা ছিল 17 আগস্ট আর উনি 17 নভেম্বর থেকে সেই বাড়ীতে থাকতে শুরু করেন। ওনার দ্বিতীয় বিবাহ 1871 সালে হয়েছিল... যেটার সংযুক্ত সংখ্যা 17 হয়। শিল্পীদের কলোনী 'সেন্ট জন্সউড'-তে যে কোয়ার্টারে উনি থাকতেন... সেটার সংযুক্ত সংখ্যাও 17 ছিল। স্যার আল্মা তদেমা-র জন্ম 08 জানুয়ারী হয়েছিল... যেটার সম্বন্ধ সংখ্যা 17-র সাথে রয়েছে এবং যেটার যোগফল 08 তৈরী হয়। এই প্রকার ওনার জীবনে সংখ্যা 17 অত্যন্ত গুরুত্বপূর্ণ।

কিং এডওয়ার্ডের জন্ম 09 নভেম্বর হয়েছিল। নভেম্বর মাসের অবস্হান জ্যোতিষ শাস্ত্রে মঙ্গলের দ্বিতীয় ঘরে মানা হয়ে থাকে। একে মঙ্গলের সংখ্যা 09 প্রভাবিত করে।

ওনার বিবাহ 1863 সালে হয়েছিল... যেটার যোগফল 09 হয়। ওনার রাজ্যাভিষেক 27 জুন হয়েছিল... এটার যোগফলও 09-ই হয়। এমনিতে ব্যবহারিক রূপে ওনাকে 09 আগস্ট রাজমুকুট পরানো হয়েছিল।

কিং এডওয়ার্ড আমার সম্বন্ধে প্রায়ই এমনটা বলতেন – "আমি ওনাকে 69 বছরের বেশী বয়স পর্যন্ত জীবিত থাকতে দেব না।" উনি যখন প্রিন্স অফ্ ওয়েলস ছিলেন... সেই সময় ওনার সাথে লেডী আর্থার পাগেট-য়ের

বাড়ীতে আমার প্রথম পরিচয় হয়েছিল। উনি সেই সময় আমাকে বলেছিলেন যে, আমি যেন ওনার সংখ্যাগুলো দেখে কিছু বলি। সেই সময় আমি ওনাকে জানিয়েছিলাম যে, ওনার মূল সংখ্যা হচ্ছে 06 আর 09। সেই সময় আমি ওনাকে এটাও জানিয়েছিলাম যে, যখন এই দুটি সংখ্যা এক সাথে একত্রিত হবে... তখন সেই বছরটা ওনার পক্ষে ঘাতক প্রমাণিত হবে এবং ওনার মৃত্যু সেই মাসে হবে... যেটার সংখ্যা 06 অর্থাৎ মে মাস। উনি আমার সেই ভবিষ্যবাণীকে মনে রেখেছিলেন। এটা আমারও ভাগ্য যে, সম্রাটের মৃত্যুর কয়েক সপ্তাহ আগে আমি ওনার সাথে দেখা করার সুযোগ পেয়েছিলাম। উনি রাজকীয় গাড়ীতে চেপে ভিক্টোরিয়া থেকে ইউরোপ সফরে যাচ্ছিলেন। আমি বিদেশ সফরে যাচ্ছিলাম। সেই সময় উনি আমাকে দেখে ফেলেন আর নিজের অশ্বপালকে দিয়ে আমাকে নিজের কাছে ডেকে পাঠান। খিল্‌খিল্‌ করে হাসতে-হাসতে উনি আমাকে বলেন ঃ

"কীরো! আমি তো এখনও বেঁচে রয়েছি... কিন্তু তোমার সতর্কবার্তা অনুসারে এখন আমি 69-তম বছরে পা দিয়েছি আর এবার আমার সতর্ক থাকা উচিত।" আমি ওনার জন্ম-সংখ্যার আধারে 69-তম বছরে ওনাকে সতর্ক হয়ে থাকার পরামর্শ দিয়েছিলাম। এর পরে উনি ঘোড়দৌড়ের বাজী লাগানো নিজের অনুচরকে আমার পরামর্শ অনুসারে কাজ করার জন্য বলে আমার সফলতার ব্যাপারে জানান।

আমাকে অত্যন্ত দুঃখের সাথে এমনটা বলতে হচ্ছে যে, এর কয়েক সপ্তাহ পরেই উনি বাকিংহাম প্যালেস ফিরে আসেন আর দেশের জনতা ওনার অসুস্হতার ব্যাপারে জানতে পারে। সেই অসুস্হতা ওনার পক্ষে ঘাতক প্রমাণিত হয়। 06 মে ওনার জীবনের 69-তম বছরের প্রথম দিন ছিল আর এই দুটি সংখ্যাও পরস্পরের সাথে একত্রিত হয়ে পড়েছিল। আমার ভবিষ্যবাণী সত্য প্রমাণিত হয়েছিল।

সংযোগবশতঃ এক দিন কিং এডওয়ার্ড আমাকে জানান যে, ওনার 'এক পরম মিত্র' 13 সংখ্যার সম্বন্ধে ভুল ধারণার শিকার। উনি নিজের সেই পরম মিত্রকে লর্ড র‍্যাডোল্ফ চার্চিল নামে ডাকতেন। উনি বেশ কিছু বিপরীত প্রভাবের ঘটনা আমাকে জানান। ওনার জন্ম 13 ফেব্রুয়ারী, 1849 হয়েছিল... যেটার যোগফল 22 হয় আর সেটার থেকে সংখ্যা 04 বার হয়।

আমি সম্রাট এডওয়ার্ড-কে এটা স্পষ্ট করে জানিয়েছিলাম যে, তন্ত্র-বৈজ্ঞানিকেরা সংখ্যা 13-কে দুর্ভাগ্যপূর্ণ সংখ্যা হিসেবে মানেন না। এমনিতে এই সংখ্যা যথেস্ট গুরুত্বপূর্ণ হয়... কিন্তু যদি কোন ব্যক্তি কোন মাসের 04, 13, 22 অথবা 31 তারিখে জন্ম গ্রহণ করেন... তাহলে সেটাকে অশুভ মানা হয়ে থাকে... কারণ তন্ত্র-বিদ্যায় একে শ্রদ্ধা আর সম্মানের

দৃষ্টিতে দেখা হয়ে থাকে।

ওনার মৃত্যুর কয়েক বছর আগে 1895 সালে আমি সেই রাজনৈতিক নেতার সাথে এক সংক্ষিপ্ত সাক্ষাৎকারের সুযোগ পেয়েছিলাম। উনি আমাকে বলেছিলেন যে, উনি আমার সংখ্যা-সম্বন্ধীয় সিদ্ধান্তের প্রতি অত্যন্ত বেশী আগ্রহ রাখেন। উনি সম্রাট এডওয়ার্ড-য়ের থেকে এমনটা জানতে পেরেছিলেন যে, ওনার মূল সংখ্যা 04! আমিও সেটার ব্যাপারে সম্মতি জানাই। ওনার জীবনের সকল ঘটনাগুলোর ওপরে এই সংখ্যার প্রভাব অত্যন্ত স্পষ্ট ছিল।

সংখ্যার ওপরে ভিত্তি করে করা ভবিষ্যবাণীর প্রসঙ্গে আমার আরও একটা গুরুত্বপূর্ণ অভিজ্ঞতা স্যার চার্লস রাসেল-য়ের সাথে মিলিত হওয়ার পরে হয়েছিল। আমি ওনাকে এমনটা জানিয়েছিলাম যে, ওনার গুরুত্বপূর্ণ সংখ্যা হচ্ছে 01 এবং 04। এদের সংখ্যা 02 আর 07-য়ের সাথে পারস্পরিক প্রত্যাবর্তন হয়। আমি ওনাকে আরও জানিয়েছিলাম যে, সেই নির্দিষ্ট তারিখে উনি নিজের ব্যবসায় উচ্চ শিখরে পৌঁছে যাবেন... যেটার সম্বন্ধ সংখ্যা 01-য়ের সাথে থাকবে অর্থাৎ সেই তারিখ 01, 10 বা 28-ই হতে পারে। এমনটা সেই মাসে হবে... যেটা সংখ্যা 02 বা 07 দ্বারা প্রভাবিত হবে। সেই মাসটা হচ্ছে জুলাই মাস। এছাড়া এমনটা সেই বছরে হবে... যেটার সংখ্যার যোগফল 04 হবে। উনি আমার কথাগুলো অত্যন্ত মনোযোগ সহকারে লিখে নেন। উনি যেদিন ইংল্যাণ্ডের লর্ড চীফ্ জাস্টিস অর্থাৎ প্রধান বিচারপতি হয়ে ওঠেন আর সেই পদের পোশাক পরে নেন... সেদিন উনি আমাকে আদালতে ডেকে পাঠান। সমারোহ শেষ হওয়ার পরে উনি আমাকে ওনার ব্যক্তিগত কামরায় নিয়ে যান আর স্মারকের রূপে আমাকে নিজের হস্তাক্ষরের সাথে নিজের হস্তরেখার ছাপ উপহার দেন।

❑❑❑

19

সংখ্যা 13-র ভয়

অধিকাংশ ব্যক্তি সংখ্যা 13-কে অত্যন্ত বেশী ভয় পান। যদি তাঁরা মৌলিক সত্যতাকে বুঝে নেন... তাহলে এটা দেখতে পাবেন যে, সংখ্যা 13 কখনোই এতটা দুর্ভাগ্যপূর্ণ সংখ্যা নয়... যতটা আমরা মনে করি।

এই ভয়ের মূল এই জিনিষটার মধ্যে রয়েছে যে, তন্ত্র-মন্ত্রে এই সংখ্যার প্রচুর ব্যবহার করা হয়েছে। সুদূর অতীতে একে শক্তিশালী... কিন্তু ভাগ্যবাদী সংখ্যা হিসেবে মনে করা হত। পুরোন কৃতিগুলোয় এমনটা বলা হয়েছে – "যে ব্যক্তি সংখ্যা 13-কে বুঝে নেয়... তার হাতে শক্তি আর অধিকারের চাবিকাঠি এসে পড়ে।" তন্ত্র-মন্ত্রের প্রতি চার্চগুলোর বিরোধিতা এই সংখ্যার বর্জিত সংখ্যা হয়ে ওঠার পেছনে এক প্রমুখ কারণ।

বস্তুতঃ ধর্মাচার্যদের তন্ত্র-বিরোধী হওয়ার কারণেই সংখ্যা 13-কে অশুভ আর নিষিদ্ধ মেনে নেওয়া হতে লেগেছিল। এই সম্বন্ধে এমনটাও বলা হয়েছিল যে, যীশুখ্রীস্টের অন্তিম ভোজে মোট 13-জন ব্যক্তি শামিল ছিলেন। তাঁদের এমনটা বলা হয়েছিল যে, যদি 13 ব্যক্তি এক সাথে ভোজন করেন... তাহলে এক বছরের মধ্যে তাঁদের মধ্যে একজনের মৃত্যু অবশ্যই হয়ে পড়বে।

ওনাদের এই কথায় আমি কোন যুক্তি দেখতে পাই না। সংখ্যা 13-কে ভয় পাওয়ার আরও একটা কারণ ছিল। এই সংখ্যার প্রতীক হচ্ছে 'অস্থি-পঞ্জর'... যে কাস্তে হাতে নিয়ে মানবের মাথার ফসল কাটছে। এই চিত্রের অর্থ খুব কম লোকই বুঝতে পারতেন আর যাঁরা বুঝতে পারতেন... তাঁরা নিজেদের জ্ঞান অন্য কারও সাথে ভাগ করে নিতেন না। সেই যুগে এমন কথা আলোচনা করাটা নিজেদের প্রাণকে সংকটে ফেলার সমান ছিল।

সংখ্যা 13-র প্রতীককে অনেক রূপে চিত্রিত করা হয়ে থাকে... কিন্তু সেটার পেছনে ভাব একটাই – 'অস্থি-পঞ্জর' ক্ষেতে ফসল কাটছে, নতুন ফসলে হাত-পা গজাচ্ছে, পৃষ্ঠভূমিতে মাথায় মুকুট পরা এক পুরুষের মাথা কাস্তের আঘাতে মাটিতে পড়ে যাচ্ছে আর মহিলার মাথা দোল খেতে থাকা চুলের সাথে সেটার থেকে আলাদা হয়ে পড়ছে।

এই চিত্রকে বোঝার জন্য সংখ্যা 13-র একক সংখ্যা 04-য়ের অর্থ বুঝতে হবে। সংখ্যা 04 স্বয়ং এক বিচিত্র সংখ্যা আর এটা এক সংযুক্ত সংখ্যা। এর

দ্বারা প্রভাবিত ব্যক্তিদের ভুল বোঝা হয় আর তাঁরা নিজেদের জীবনে একাকী থেকে যান। গুপ্ত শত্রুরা এনাদের বিরুদ্ধে লাগাতার সক্রিয় হয়ে থাকে। সমুদায় আর সরকারে এনারা বস্তুর ক্রম উল্টে দেন। এনারা সামাজিক সমস্যা এবং সমস্ত প্রকারের সংশোধনের প্রতি আকর্ষিত হন। এনারা শাসন ক্ষমতার বিরুদ্ধে বিদ্রোহ করেন এবং নতুন রাজবংশ বা জনতন্ত্রের ভিত্তি স্থাপিত করেন।

সংযুক্ত সংখ্যা 13-তে অত্যন্ত ব্যাপকতার সাথে এবং কিছুটা অধিক মাত্রায় এই সব গুণ বিরাজমান হয়ে রয়েছে। এটা নিজের সামনে আসা প্রতিটি বস্তুকে কেটে ফেলে আর বস্তুদের ক্রমকে উল্টে দেয়। প্রতীকে পৃষ্ঠভূমিতে দেখতে পাওয়া মহিলার মাথা সমাজ-সংশোধন, মহিলাদের উদ্ধার ইত্যাদির পরিচায়ক হয়... নতুন ব্যবস্থার সূচক হয়।

সংখ্যা 04-য়ের জাতকদের জীবনে সংখ্যা 13 বার-বার আসার সম্ভাবনা রয়েছে।

কঙ্কালের হাতে কাস্তে-র বর্ণনা করার কারণে অনেক ব্যক্তি এই সংখ্যায় মৃত্যুর ভয় দেখতে পান। এমনটা এজন্য হয়... কারণ ওনারা এই সংখ্যা 13-য়ের প্রতীকের সঠিক অর্থ বুঝতে পারেননি। ভালো করে দেখলে এটা দেখতে পাওয়া যাবে যে, সংখ্যা 04, 13, 22 বা 31 ইত্যাদি সংখ্যাগুলোর সিরিজে সংখ্যা 13 সংখ্যা 04-য়ের সাথে সম্বদ্ধ। এজন্য 04, 13, 22 আর 31 তারিখে জন্ম গ্রহণ করা ব্যক্তিদের জীবনে 13 তারিখ... যার যোগফল 04 তৈরী হয়, বার-বার আসে আর তাঁদের প্রভাবিতও করে।

অনেক হোটেলে, যেগুলোর মধ্যে কিছু আধুনিক হোটেলও রয়েছে... কামরা সংখ্যা 04 থাকে না। ইটালীর অপেরাগুলোতেও এই জিনিষটা লক্ষ্য করা যায়। কিন্তু সংখ্যা 13-র ভয় সীমিত ভৌগোলিক ক্ষেত্রেই রয়েছে। পূর্ব আর পশ্চিম – দু দিকে এই সংখ্যাকে সম্মান জানানো হয়। ভারতীয় দর্শনে সংখ্যা 13 ভগবান বুদ্ধ হয়। ভারতীয় এবং চীনা প্যাগোডাগুলোর মাথার রহস্যপূর্ণ ছাতার সংখ্যাও 13!

জাপানের অতসুপা মন্দিরে এক ধর্ম-কৃপাণ রয়েছে... যেটার মুঠি 13 রহস্যপূর্ণ পদার্থ দিয়ে তৈরী হয়েছে। মেক্সিকো বাসীরা সংখ্যা 13-কে এক পবিত্র সংখ্যা হিসেবে মানতেন। ওনাদের দেবতাদের সংখ্যাও 13 ছিল। আমেরিকান রাজ্যের স্থাপনা 13-টি রাজ্যকে এক সাথে মিলিয়ে করা হয়েছিল। এর সূত্র বাক্য 13 অক্ষরের। সেখানকার গরুড়ের প্রতিটি ডানায় 13-টি পাখনা রয়েছে। যে সময় জর্জ ওয়াশিংটন আমেরিকান গণতন্ত্রের পতাকা উড়িয়েছিলেন... সেই সময় 13 বার গোলা বর্ষণ করে ওনাকে সম্মান জানানো হয়েছিল।

সংখ্যা এবং রং

সংখ্যা 01-য়ের জাতকদের বাদামী, সোনালী, হলুদ রং-য়ের ব্যবহার করা উচিত। অন্যান্য জাতকদের জন্য শুভ রং নিম্ন প্রকার ঃ

সংখ্যা 02 ঃ সাদা, হরিদ্রাভ, সবুজ।

সংখ্যা 03 ঃ খয়েরী, কাসনী, বেগুনী।

সংখ্যা 04 ঃ নীল, স্লেটী, মিশ্রিত চমকালো।

সংখ্যা 05 ঃ সাদা, চমকালো রং, হাল্কা স্লেটী।

সংখ্যা 06 ঃ হাল্কা গোলাপী (লাল নয়), নীলের সকল ফলক।

সংখ্যা 07 ঃ হলুদ, সাদা, সোনালী, হাল্কা সবুজ।

সংখ্যা 08 ঃ খয়েরী, গাঢ় স্লেটী, কালো, গাঢ় নীল।

সংখ্যা 09 ঃ যথাসম্ভব গাঢ় ফলকের, লালের সকল ফলক।

মাসের সংখ্যার বদলে জাতকের জন্ম-সংখ্যার উপযোগ করা উচিত।

সংখ্যা এবং সঙ্গীত

সংখ্যা এবং সঙ্গীতের মধ্যেও গভীর সম্পর্ক রয়েছে। সংখ্যা 01, 03 আর 09-য়ের জাতকেরা ফৌজী প্রেরক আর চিৎকার-চেঁচামেচির সঙ্গীত পছন্দ করেন। সংখ্যা 02 এবং সংখ্যা 07-য়ের জাতকদের আগ্রহ তারের বাদ্যযন্ত্র আর ফুঁ দিয়ে বাজানো বাদ্যযন্ত্রের প্রতি থাকে, যেমন – ভায়োলিন, সেলো, বাঁশী ইত্যাদি। সংখ্যা 06-য়ের জাতকেরা রোমান্টিক, মধুর এবং লয়যুক্ত সঙ্গীত পছন্দ করেন।

❑❑❑

20

সেন্ট লুই এবং সম্রাট লুই XVI-র জীবনে সংখ্যার বিশিষ্ট উদাহরণ

সংখ্যার সমানতার সম্বন্ধে আমি এমন উল্লেখনীয় উদাহরণ আর কোথাও খুঁজে পাইনি, যেমন সমানতা সেন্ট লুই এবং সম্রাট লুই XVI-র জীবনের ঘটনার সংখ্যাগুলোয় দেখতে পাওয়া যায়। যখন কি দুজন ব্যক্তির জীবনে 500-রও বেশী বছরের অন্তরাল রয়েছে। এই রহস্যোদ্ঘাটন 1852 সালে প্রকাশিত পুস্তক – 'রিসার্চ ইনটু দ্য এফিকেসী অফ্ ডেটস্ এ্যাণ্ড নেমস্ ইন্ দ্য এনল্স অফ্ নেশন্স'-তে করা হয়েছিল।

যেমনটা ইতিহাস থেকে জানতে পারা যায় যে, 'সেন্ট লুই' আর 'সম্রাট লুই XVI'-য়ের জন্মের মধ্যে 539 বছরের অন্তরাল রয়েছে। যদি অন্তরালের এই 539 বছরকে সেন্ট লুই-য়ের জীবনের ঘটনাগুলোর সাথে যুক্ত করে দেওয়া হয়... তাহলে সম্রাট লুই XVI-য়ের জীবনের ঘটনাগুলোর তারিখের সাথে সমানতা লক্ষ্য করা যায়। ওনাদের দুজনের নামও প্রায় একই প্রকারের। এই উদাহরণকে পুনর্জন্মের দৃষ্টিতেও পেশ করা যেতে পারে।

সেন্ট লুই		**লুই XVI**
সেন্ট লুই-য়ের জন্ম 13 এপ্রিল		লুই XVI-র জন্ম 23 আগস্ট
	1215	
অন্তরাল	+519	
সেন্ট লুই-য়ের বোন ইসাবেল-য়ের জন্ম	1754	লুই XVI-র বোন এলিজাবেথ-য়ের জন্ম 1754
	1225	
অন্তরাল	+539	
	1764	
সেন্ট লুই-য়ের পিতার মৃত্যু		লুই XVI-র পিতা দাফিন-য়ের মৃত্যু 1764
	1226	
অন্তরাল	+539	
	1765	
সেন্ট লুই-য়ের কিশোরাবস্থার শুরু	1226	লুই XVI-র কিশোরাবস্থার শুরু 1765
অন্তরাল	+539	
	1765	

সেন্ট লুই-য়ের বিবাহ		লুই XVI-র বিবাহ
	1231	
অন্তরাল	+539	
	1770	
সেন্ট লুই-য়ের যুবাবস্থা অথবা		লুই XVI-র ফ্রান্সের রাজ্যারোহণ
বয়স্কতার শুরু	1235	
অন্তরাল	+539	
	1774	
সেন্ট লুই-য়ের হেনরী তৃতীয়-র		লুই XVI-র জর্জ তৃতীয়-র সাথে
শান্তি সন্ধি	1243	শান্তি সন্ধি 1774
অন্তরাল	+539	
	1782	
পূর্ব দেশের যুবরাজ এক দূত মারফত		পূর্ব দেশের এক যুবরাজ লুই XVI-র
সেন্ট লুই-য়ের থেকে খ্রীষ্টধর্ম গ্রহণ		কাছে এই উদ্দেশ্যে দূত পাঠান 1782
করার ইচ্ছা প্রকট করেন	1249	
অন্তরাল	+539	
	1788	
সেন্ট লুই-য়ের গ্রেপ্তারী		লুই XVI সিংহাসনচ্যুত হন 1788
	1250	
অন্তরাল	+539	
	1789	
সেন্ট লুই-য়ের মুক্তি		লুই XVI-য়ের মুক্তি 1789
	1250	
অন্তরাল	+539	
	1789	
ত্রিস্টান (কস্ট, দুঃখ)-য়ের জন্ম		বাস্টিল দুর্গের পতন আর ফ্রান্সের
	1250	রাজ্য-বিপ্লব শুরু
অন্তরাল	+539	
	1789	
জ্যাকবের অধীনে ধর্মগুরু প্রথা শুরু		ফ্রান্সে জ্যাকোবিন (ধর্মগুরু) পন্থের
	1250	সূত্রপাত 1789
অন্তরাল	+539	
	1789	

ইসাবেল ডি. অঙ্গুলম-য়ের মৃত্যু		ইসাবেল ডি. অঙ্গুলম-য়ের ফ্রান্সে জন্ম 1789
	1250	
অন্তরাল	+539	
	1789	
সেন্ট লুই-য়ের মাতা রানী ব্লাকের মৃত্যু		ফ্রান্সের হোয়াইট লিলির অন্ত 1789
	1253	
অন্তরাল	+539	
	1792	
সেন্ট লুই দ্বারা অবসর গ্রহণের ইচ্ছা এবং জ্যাকোবিনের রূপে প্রতিষ্ঠা	1254	লুই XVI জ্যাকোব্বিস (ধর্মগুরুদের হাতে) সাধারণ জীবন থেকে পদচ্যুত 1793
মধ্যকাল	+539	
	1793	
সেন্ট লুই-য়ের ম্যাডেলাইন প্রত্যাবর্তন	1254	লুই XVI-কে প্যারিসের ম্যাডেলাইন কবরস্থানে কবর দেওয়া হয়
মধ্যকাল	+539	
	1793	

আমার দৃঢ় বিশ্বাস যে, এটা ইতিহাস দ্বারা নির্দিষ্ট মেয়াদের অন্তরালে নিজেকে পুনরাবৃত্তি করার এক অত্যন্ত বিলক্ষণ উদাহরণ। দুজনের জন্মের মধ্যেকার অন্তরাল 539 বছরকে ঘটনা-বর্ষের সাথে যুক্ত করে দিলে মূল সংখ্যা 08 তৈরী হয় এবং সম্রাট লুই XVI-য়ের নামের অক্ষরগুলোর সংখ্যা 08-ই আসে আর যেমনটা আমি এর আগের অধ্যায়গুলোয় জানিয়েছি যে, এই সংখ্যার প্রতীক হচ্ছে ন্যায়... যেটার অর্থ হচ্ছে এক ব্যক্তি ক্রুরতার হাত থেকে মানবিক ন্যায়ের রক্ষা করার জন্য আপীল জানাচ্ছেন।

❑❑❑

21

সংখ্যাগুলোর আবর্তন

অনেক বার কিছু-কিছু ব্যক্তিদের জীবনে একই প্রকারের সংখ্যাকে বার-বার আসতে দেখতে পাওয়া যায়। এর এক অত্যন্ত বিচিত্র নিয়ম আছে... যেটার সম্বন্ধে এখানে জানানো হচ্ছে। কিছু-কিছু লোকেদের জীবনে এমন উদাহরণ অসংখ্য বছর পরে আসে। ফ্রান্সের দুই রাজা সেন্ট লুই এবং সম্রাট লুই XVI-য়ের জীবন-কালের মধ্যে 539 বছরের অন্তরাল ছিল... কিন্তু যদি অন্তরালের এই 539 বছরকে সেন্ট লুই-য়ের জীবনের ঘটনাগুলোর সাথে যুক্ত করে দেওয়া হয়... তাহলে সেগুলোর সাথে মিল খাওয়া ঘটনা সম্রাট লুই XVI-য়ের জীবনে ঘটতে দেখতে পাওয়া যায়। এই উদাহরণকে ইতিহাসে অত্যন্ত বিচিত্র মানা হয়েছে।

এছাড়া এটাও দৃষ্টি দেওয়ার যোগ্য যে, সেন্ট লুই-য়ের জন্ম 23 আগস্ট হয়েছিল... যেটার যোগফল 05 তৈরী হয়।

এই দুটির সংখ্যা এই প্রকার ঃ

SAINT	LOUIS	
3 1 1 5 4	3 7 6 1 3	
= 14 = 01 + 04 = 05	= 20 = 02 + 00 = 02	= 05 + 02 = 07

LOUIS	XVI	
3 7 6 1 3	1 3 3	
= 20 = 02 + 00 = 02	= 07	= 02 + 07 = 09

সেন্ট লুই-য়ের নামের মূল সংখ্যা 07 তৈরী হয়... যেটা হচ্ছে আধ্যাত্মিক সংখ্যা। সম্রাট লুই XVI-য়ের মূল সংখ্যা 09 তৈরী হয়... যেটা হচ্ছে যৌগিক সংখ্যা। এই দুটোকে এক সাথে যোগ করলে সংযুক্ত সংখ্যা 16 তৈরী হয়। এই সংযুক্ত সংখ্যার গুপ্ত তান্ত্রিক অর্থ আপনারা আগের অধ্যায়ে পড়েছেন আর এর প্রতীক হচ্ছে 'বাজ পড়ায় এক স্তম্ভ ভেঙে পড়ছে আর সেটা থেকে এক মুকুটধারী নীচে পড়ে যাচেছন।' এই জিনিষটা সম্রাট লুই XVI-য়ের জীবনে সত্য প্রমাণিত হয়।

সম্রাট লুই XVI-কে 1793 সালে ফাঁসী দিয়ে দেওয়ার পরে ওনার ভবিষ্যতের ঘটনাগুলোর ব্যাপারে আর জানতে পারা যায় না... কিন্তু যদি 539 বছরের

অন্তরালকে 1793 সালের সাথে যুক্ত করা হয়... তাহলে 2332 সাল আসে। হতে পারে যে, সেই বছরে সেন্ট লুই-য়ের কোন অবতার জন্ম গ্রহণ করেছিলেন আর ফ্রান্সের ওপরে শাসন করেছিলেন।

সংখ্যার সম্বন্ধে সম্রাট হেন্‌রী-র রাজ্যাভিষেক, 14 মে, 1029 হয়েছিল আর 14 মে, 1610 হেন্‌রী নামের অন্তিম সম্রাটের হত্যা করে দেওয়া হয়েছিল।

ফ্রান্স আর নাবারের সম্রাটের পদবী গ্রহণ করা 14-তম হেন্‌রীর নামের অক্ষরও 14-ই হয়। ওনার নাম ছিল হেন্‌রী ডি. বোরবন (HENRI DE BOURBON)।

যীশুখ্রীষ্টের জন্ম অর্থাৎ 14 ডিসেম্বর, 1553 অর্থাৎ 14 শতাব্দী, 14 দশক আর 14 বছর পরে ফ্রান্সের হেন্‌রী (চতুর্থ)-র জন্ম হয়। যদি 1553 সালের সংখ্যাগুলোকে এক সাথে যোগ করা হয়... তাহলে যোগফল 14-ই হয়।

14 মে, 1554 হেন্‌রী (দ্বিতীয়) 'র্যু ডীলা ফেরোনেরী' নামক সড়ক চওড়া করার আদেশের ওপরে হস্তাক্ষর করেন... কিন্তু এই কাজটা না হওয়ার কারণে হেন্‌রী (চতুর্থ)-কে 14 বছর পরে ঠিক সেই রাস্তায় হত্যা করে দেওয়া হয়।

হেন্‌রী (চতুর্থ)-র প্রথম পত্নী মার্গুরাইট ডি. ভালোরস-য়ের জন্ম 14 মে, 1553 হয়েছিল।

14 মে, 1588 গাইসের ডিউক হেন্‌রী (তৃতীয়)-র বিরুদ্ধে বিদ্রোহের পতাকা তুলে ধরেন।

14 মে, 1590 হেন্‌রী (চতুর্থ)-র মুখ্য সেনাবাহিনী প্যারিসের ফাক্সবরী নামক স্থানে পরাজিত হয়।

14 নভেম্বর, 1590 হেন্‌রী (চতুর্থ)-র বিশ্বস্ত 16 সেবক ওনার সেবা করার পরিবর্তে মরার প্রতিজ্ঞা করেছিল অর্থাৎ তারা কোন মূল্যেই হেন্‌রী (চতুর্থ)-র সেবা করতে চাইছিল না।

14 ডিসেম্বর, 1599 ডিউক হেন্‌রী (চতুর্থ)-র সামনে আত্মসমর্পণ করেন।

দৌফিনের বাপ্‌টিজম্-ও 14 সেপ্টেম্বর হয়েছিল... যাঁকে পরে লুই (ত্রয়োদশ) নাম প্রদান করা হয়।

প্যারিসের 'র্যু ডীলা ফেরোনেরী' নামক সড়ক চওড়া করার আদেশ হেন্‌রী (চতুর্থ) দিয়েছিলেন। সেই ব্যাপারে আগেই উল্লেখ করা হয়েছে। সেই সড়কে সামনে একটা গাড়ী এসে পড়ায় রাজার শোভাযাত্রাকে থামতে হয় আর সেই সময় রোভেলা হেন্‌রী (চতুর্থ)-কে হত্যা করার সুযোগ পেয়ে যান। সেদিনটা ছিল 14 মে, 1610!

14 মে, 1643 হেন্‌রী (চতুর্থ)-র পুত্র লুই (ত্রয়োদশ)-য়ের মৃত্যু হয়। ওনার পিতার হত্যা সেই মাসেই করে দেওয়া হয়। যদি 1643 সালের

সংখ্যাগুলোকে যোগ করা হয়... তাহলে যোগফল 14-ই তৈরী হয়। ওনার পিতার জীবনে 14 সংখ্যা অত্যন্ত গুরুত্বপূর্ণ স্হান রয়েছে। ওনার জীবনে ঘটা অনেক ঘটনাই সংখ্যা 14-য়ের সাথে সম্বন্ধিত।

লুই (চতুর্দশ) 1643 সালে রাজগদীতে বসেছিলেন। 1643 সালের সংখ্যাগুলোর যোগফলও 14-ই তৈরী হয় আর 1715 সালে 77 বছর বয়সে ওনার মৃত্যু হয়... যেটার যোগফলও 14-ই হয়।

লুই (পঞ্চদশ)-য়ের রাজ্যাভিষেক 1715 = 14-তে হয়েছিল।

লুই (ষোড়শ) যখন নিজের রাজ্যের মুখ্য সভার অধিবেশন ডাকেন... তখন সেটা ওনার শাসনকালের 14-তম বছর ছিল। সেই কারণে রাজ্য-ক্রান্তি হয় আর ওনার পতনও হয়ে পড়ে। 1814 সালে বোরবোন ফ্রান্সের সম্রাট হন। এই বছরের সংখ্যাগুলোর যোগফলও 14 হয়।

আমাদের যদি এই ব্যাপারে জানতে হয় যে, 14 অথবা সেটার মূল সংখ্যা 05 ফ্রান্সের ভাগ্য বা ভবিষ্যতের সাথে এতটা সম্বদ্ধ কেন... তাহলে জ্যোতিষ বিদ্যার হিসেবে প্যারিসের রাশি হচেছ কন্যা... যেটার দ্বারা এটা প্রভাবিত। কন্যা রাশির স্বামী-গ্রহ হচেছ বুধ আর সেটাও কু-দৃষ্টিসম্পন্ন হয়। এর সংখ্যা 05 হয়।

ওপরে আমি ফ্রান্সের ইতিহাস থেকে যেসব উদাহরণ দিয়েছি... সেগুলোয় প্যারিসই শাসন ক্ষমতার কেন্দ্র ছিল... কারণ প্যারিসের ওপরে যাঁর শাসন চলত... তাঁকেই ফ্রান্সের সম্রাট হিসেবে মেনে নেওয়া হত।

ফ্রান্সের ইতিহাসের সাথে সম্বন্ধিত কিছু প্রমুখ তারিখকে এক সাথে যোগ করলে যে তারিখ অথবা সংখ্যা বার হয়... সেগুলোও ঠিক সেই প্রকার গুরুত্বপূর্ণ।

ফ্রান্সের ইতিহাসের সাথে সম্বন্ধিত কিছু উল্লেখনীয় তারিখের উদাহরণ নিম্নলিখিত ঃ-

ফ্রান্সের রাজ্য-ক্রান্তি এবং পীয়রের পতন	1794
সংখ্যাগুলোকে যোগ করলে (01 + 07 + 09 + 04)	21
নেপোলিয়নের পতন	1815
সংখ্যাগুলোকে যোগ করলে (01 + 08 + 01 + 05)	15
চার্লস (প্রথম)-য়ের পতন এবং ফরাসী বিপ্লব	1830
সংখ্যাগুলোকে যোগ করলে (01 + 08 + 03 + 00)	12
রাজা লুই ফিলিপের মৃত্যু	1842
সংখ্যাগুলোকে যোগ করলে (01 + 08 + 04 + 02)	15
ক্রীমিয়া যুদ্ধের পরিসমাপ্তি	1857
সংখ্যাগুলোকে যোগ করলে (01 + 08 + 05 + 07)	21
বার্লিনের প্রসিদ্ধ সন্ধি	1878
সংখ্যাগুলোকে যোগ করলে (01 + 08 + 07 + 08)	24

ফাসোদার প্রসঙ্গে ইংল্যাণ্ডের সাথে যুদ্ধের আশংকা	1902
সংখ্যাগুলোকে যোগ করলে (01 + 09 + 00 + 02)	12
প্রথম বিশ্বযুদ্ধ	1914
সংখ্যাগুলোকে যোগ করলে (01 + 09 + 01 + 04)	15
ফ্রান্সের সংকটের অন্য আরও একটি বছর	1929

সংখ্যাগুলোর যোগের অন্য আরও একটি উদাহরণ রয়েছে... যেটা 1914 সালে প্যারিস আর বার্লিনকে প্রভাবিত করেছিল।

1849 সালে প্রাশিয়ার সম্রাট উইলিয়াম (প্রথম) নিজের মায়ের সাথে পালিয়েছিলেন আর ইংল্যাণ্ডে এসে আশ্রয় গ্রহণ করেছিলেন। সেখানে ওনার সাথে এক কুশল মহিলা সংখ্যা-বিজ্ঞানীর পরিচয় হয়। উইলিয়াম (প্রথম) তাঁর থেকে নিজের ভবিষ্যতের ব্যাপারে জানতে চান। সেই মহিলা ওনাকে ওনার পলায়ন বর্ষের সংখ্যাগুলোর সাথে ওনার সংখ্যাগুলো যোগ করার জন্য বলেন – 1849 + 22 (01 + 08 + 04 + 09 = 22) = 1871 অর্থাৎ এই বছর, 1871 সালে বিশ্বযুদ্ধ সমাপ্ত হয়ে পড়বে আর উইলিয়ামকে সম্রাট ঘোষিত করে দেওয়া হবে।

সম্রাট আবার প্রশ্ন করেন – "তারপর আমার দেশের কি হবে?"

সেই মহিলা উত্তর দেন – "এই বছরের সংখ্যাগুলোকে যোগ করুন আর দেখুন যে, যোগফল কত আসে?"

সম্রাট 1888-য়ের সংখ্যাগুলো যোগ করলে যোগফল 01 + 08 + 08 + 08 = 25 আসে।

মহিলা বললেন – "এবার এই 25-কে 1888 সালের সাথে যোগ করুন।"

যোগফল 1888 + 25 = 1913 এল।

এবার সেই মহিলা বললেন – "এই বছরে যে ব্যক্তি আপনার এই মুকুট ধারণ করবে... তাঁকে আরও একটা যুদ্ধ লড়তে হবে। সেই যুদ্ধে সে আর আপনার দেশ কিছু সময়ের জন্য বর্বাদ হয়ে পড়বে।"

1904 সালে প্যারিসে প্রাক্তণ ক্যাসরের এক নিকট আত্মীয় আমার সাথে দেখা করেন আর উনিই আমাকে এই সব কিছু জানান।

রোমে এক অত্যন্ত প্রাচীন পরম্পরা প্রচলিত হয়ে রয়েছে... যেটা অনুসারে যিনি পোপ সেন্ট পিটারের গদীতে বসেন... তিনি 25 বছরের বেশী শাসন করতে পারেন না। যেসব পোপ এই মেয়াদের আশপাশ পর্যন্ত পৌঁছতে পেরেছেন... তাঁদের বিবরণ এই প্রকার ঃ

পায়স (ষষ্ঠ) 24 বছর, 06 মাস আর 14 দিন রাজত্ব করেছিলেন।

এড্রিয়ন (প্রথম) 23 বছর, 10 মাস আর 17 দিন রাজত্ব করেছিলেন।

পায়স (সপ্তম) 23 বছর, 05 মাস আর 06 দিন রাজত্ব করেছিলেন।

আলেকজাণ্ডার (তৃতীয়) 21 বছর, 11 মাস আর 23 দিন রাজত্ব

করেছিলেন।

সিলভেস্টার (প্রথম) 21 বছর, 04 দিন রাজত্ব করেছিলেন।

লিয়ো (ত্রয়োদশ) 25 বছর পর্যন্ত পৌঁছেছিলেন... কিন্তু তিনি নির্দিষ্ট মেয়াদের ওপারে যেতে পারেননি। উনিই এমন একমাত্র ব্যক্তি ছিলেন... যিনি সেন্ট পিটারের গদীতে নিজের পূর্বপুরুষদের থেকে বেশী সময় পর্যন্ত বসতে পেরেছিলেন।

ইংল্যাণ্ডের ইতিহাসেও অনেক গুরুত্বপূর্ণ ব্যক্তিদের জীবনে সংখ্যা আর তারিখের পুনরাবৃত্তির বড়ই বিচিত্র উদাহরণ দেখতে পাওয়া যায় ঃ

চার্লস (দ্বিতীয়) 29 মে, 1630 জন্মগ্রহণ করেছিলেন।
উনি 29 মে, 1660 রাজগদীতে বসেছিলেন।
ওনার সেনাবাহিনী 29 মে, 1672 ডাচেরা ধ্বংস করে দেয়।
ওনার বিরুদ্ধে 29 মে, 1679 কোভেনেন্টরের বিদ্রোহ শুরু হয়েছিল।

ক্রমওয়েলের জন্ম 03 সেপ্টেম্বর হয়েছিল।
ক্রমওয়েল 03 সেপ্টেম্বর ডনভারের যুদ্ধ জিতেছিলেন।
ক্রমওয়েল 03 সেপ্টেম্বর ভোর্সেষ্টরের যুদ্ধ জিতেছিলেন।
ক্রমওয়েলের মৃত্যু 03 সেপ্টেম্বর-ই হয়েছিল।

গত অধ্যায়ে সম্রাট এডওয়ার্ড (সপ্তম)-য়ের জীবনের ওপরে সংখ্যা 06 এবং 09-য়ের বিচিত্র প্রভাবের বর্ণনা করা হয়েছে।

❑❑❑

22

কিছু অতিরিক্ত তথ্য

সংখ্যা-বিজ্ঞানের প্রসঙ্গে মান্যতার দৃষ্টিতে দার্শনিকদের দু প্রকারের মত রয়েছে। এক শ্রেণী পায়থোগোরাসের মতামতকে স্বীকার করেন এবং অন্য শ্রেণী প্রাচীন কাল থেকে চলে আসা ক্যালোডিয়ন বিচারধারা গ্রহণ করেন।

য়ুনানী দার্শনিক পায়থোগোরাস সংখ্যার সাথে সম্বন্ধিত গোপন রহস্যের জ্ঞান নিজের মিশর প্রবাসের সময় প্রাপ্ত করেছিলেন। য়ুনান ফিরে এসে উনি তন্ত্র দর্শনের সম্বন্ধে এক স্কুলের স্থাপনা করেন। সেই সময় সেই স্কুল প্রতিষ্ঠিত স্কুলের মান্যতা প্রাপ্ত করেছিল আর উৎকৃষ্টতার ভিত্তিতে মুষ্টিমেয় কিছু লোকেদেরই এই স্কুলে নেওয়া হত। এই স্কুলে যত বেশী লোকেরা আসতে লাগলেন, শিক্ষণ ব্যবস্থা ততটাই কঠিন হয়ে উঠতে লাগল। কিছু লোক তো কেবল কিছু জ্ঞানের প্রতিই সীমিত হয়ে থাকতে লাগলেন আর গুরুর পটু শিষ্য হওয়ার অহংকার প্রকাশ করতে লাগলেন। এই প্রকারে এই বিদ্যা ক্রম-পরম্পরায় পড়ে গেল। এই কারণেই এই সব মুষ্টিমেয় ছাত্রদের সাথে সাধারণ জনতার সম্পর্ক সমাপ্ত হয়ে পড়তে লাগল।

এর পরে তো তন্ত্র-দর্শন অত্যধিক জটিল বিষয় হয়ে উঠল। এই সম্বন্ধে কিছু লেখার ওপরেও নিষেধাজ্ঞা জারী করে দেওয়া হল। কেবলমাত্র মৌখিক জ্ঞানই এক ব্যক্তি থেকে দ্বিতীয় ব্যক্তি পর্যন্ত পৌঁছতে লাগল। এই বিষয়ের জ্ঞান প্রদান করার জন্য গুরুরা যখন শিষ্য বানাতেন... তখন বিরাট বড় সমারোহের আয়োজন করা হত আর শিষ্যকে দিয়ে এই জ্ঞান গোপন রাখার শপথ গ্রহণ করানো হত। এই প্রকার তন্ত্র-মন্ত্রকে গোপন রাখার প্রচেস্টা করা হতে লাগল।

পায়থোগোরাসের মৃত্যুর পরে ওনার অধিকাংশ অনুগামীরা নিজেদের আলাদা স্কুল খুলে নেন। আচার্য পায়থোগোরাস ওনাদের যা কিছু শিখিয়েছিলেন... তার সাথে শিষ্যদের দ্বারা প্রদান করা শিক্ষার অত্যন্ত বেশী পার্থক্য ছিল। এর পরে ভ্রান্তি সেই সময় আরও বেড়ে উঠল... যখন খ্রীস্টান ধর্মগুরুরা তন্ত্র-জ্ঞানের খণ্ডন করলেন আর এটাকে 'শয়তানের কৃতি' বললেন।

পায়থোগোরাসের গুরুত্বপূর্ণ শিক্ষা সংখ্যার তন্ত্র আর সেটার গুপ্ত মূল্যের প্রতি ছিল। উনি এই সিদ্ধান্তের প্রতিপাদন করেছিলেন যে, সংখ্যাগুলোর মধ্যে ব্রহ্মাণ্ডের রহস্য লুকিয়ে ারয়েছে। ওনার এই সিদ্ধান্ত একেবারে সঠিক ছিল... কিন্তু ওনার অনুগামী শিষ্যরা সেই নিয়মকে এতটা জটিল করে তুললেন যে, খুব কম লোকেই বুদ্ধিমত্তার সেই রহস্য বুঝতে পেরেছিলেন।

এর পরের বছরগুলোয় নজারথের সেই মহান শিক্ষক খীশুখ্রীষ্টের সম্বন্ধেও এমনই উদাহরণ পাওয়া যায়। ওনাকে শূলীতে চড়িয়ে দেওয়ার পরে ওনার 12 শিষ্য ওনার শিক্ষার প্রসার নিজেদের মানসিকতা অনুসারে করা শুরু করেন।

ওনাদের অনুসরণ করতে থাকা হাজার-হাজার পাদ্রী, ধর্মগুরু আর ধর্ম-প্রচারকদের মধ্যে থেকে কেউ-কেউ যীশুর শিক্ষার সাথে নিজেদের তরফ থেকেও কিছুটা যুক্ত করে দেন আর কিছুটা বার করে নেন। এর পরিণাম এটাই হল যে, অধিকাংশ ব্যক্তি এটা বুঝে উঠতে পারলেন না যে, যীশুর ঠিক কোন্ কথাটার অনুসরণ করা উচিত আর কোন্ কথার ওপরে বিশ্বাস করা উচিত ?

সংখ্যাগুলোর অধ্যয়ণ করা কৌতূহলীদের প্রতি আমার অনুরোধ যে, তাঁরা যেন প্রাচীন মূল উৎস পর্যন্ত পৌঁছনোর চেস্টা করেন। এজন্য আমি এমনটা বলি যে, তাঁদের প্রাচীন ক্যালোডিয়ন, হিন্দু আর হিব্রু পদ্ধতির দিকে যাওয়া উচিত... যেটার উল্লেখ আমি নিজের পুস্তকে করেছি। তাহলে হয়তো ওনারা এই অধ্যয়ণের বাস্তবিকতা পর্যন্ত পৌঁছতে পারবেন।

আমি অত্যন্ত সরলতাপূর্বক সংখ্যাগুলোর প্রাচীন ইতিহাসের ওপরে এক বৃহৎ গ্রন্থ লিখতে পারি... কিন্তু এই যুগে এত বড় পুস্তকের কোন আবশ্যকতা নেই। আজ তো এমন পুস্তকের আবশ্যকতা রয়েছে... যেটা লোকেদের ব্যক্তিগত অভিজ্ঞতায় সহায়ক হয়ে উঠবে। এর থেকে বেশী তাঁরা আর কিছুই চান না।

এজন্য আমি সীমিত ব্যক্তিদের তুলনায় সাধারণ লোকেদের জন্য এই পুস্তক লিখেছি। এই পুস্তকে আমি সংখ্যাগুলোর তন্ত্র-সম্বন্ধীয় সরল-সাধাসিধে তথ্যগুলোরই বর্ণনা করেছি আর সেগুলোর সাথে সম্বন্ধিত গূঢ় দর্শনের ওপরে সূক্ষ্ম বিচার করা এবং সেটাকে বোঝার ভার আমি নিজের পাঠকদের ওপরেই ছেড়ে দিয়েছি... যাঁদের কাছে এই কাজটার জন্য সময় রয়েছে।

আমার দ্বারা প্রাপ্ত হাজার-হাজার পত্রে যেসব প্রশ্ন করা হয়েছে, আমি সেগুলোকে অত্যন্ত গুরুত্বপূর্ণ বলে মনে করি। সুতরাং সেই সব প্রশ্নের সমাধান করাটা অত্যন্ত আবশ্যক ঃ

প্রশ্ন ঃ যখন পুরো নামের সংখ্যাগুলোর গণনা করা হয়... তখন কি শ্রী, শ্রীমতি অথবা কুমারী ইত্যাদি শব্দগুলোর গণনাও করা উচিত ?

উত্তর ঃ আমি এই সম্বন্ধে এর আগেও লিখেছি যে, নাম সেটাকেই মানা হয়... যেটা প্রচলিত হয়। সুতরাং সেটার শব্দগুলোর গণনা করা উচিত।

উদাহরণ হিসেবে যদি কোন বড় ব্যবসায়িক প্রতিস্ঠানে কার্যরত কোন যুবতীকে কুমারী জোন্স অথবা মিস্ জোন্স বলে ডাকা হয়... তাহলে কেবল সেই ব্যবসায়িক সংস্থানের সম্বদ্ধ মামলায় বিচার করার সময় মিস্ জোন্স শব্দগুলোর গণনা করতে হবে। যেখানে উনি কাজ করেন... অন্যান্য মামলায় নয়। ওনার এই নাম ব্যবসার সাথে সম্বন্ধিত... কিন্তু ওনার ঘরোয়া অথবা ব্যক্তিগত জীবনের সাথে সম্বদ্ধ মামলায় ওনার প্রচলিত নাম, উপনাম অথবা ভালবেসে ডাকা নামই গণনার আধার হবে। যখন সেই যুবতীর দাম্পত্য জীবন শুরু হয়ে পড়বে... তখন তাঁর নতুন নাম বা তাঁর সাথে যুক্ত তাঁর স্বামীর জাতি, গোত্র সূচক বিশেষণ ইত্যাদি অন্যান্য শব্দগুলোর গণনাও করা উচিত... কিন্তু ওনার ব্যক্তিগত আর ঘরোয়া মামলায় ওনার প্রমুখ অথবা ভালবেসে ডাকা অধিক প্রচলিত নামেরই গণনা করতে হবে। এই নিয়ম তাঁর মিত্র আর পরিচিত ক্ষেত্রেও প্রযোজ্য হবে... যেখানে ওনাকে 'শ্রীমতি' বলে ডাকা হয়ে থাকে – তা সেটা 'শ্রীমতি স্মিথ' হোক্ বা 'শ্রীমতি জোন্স'।

ব্যবসায়িক সংস্থানগুলোয় কার্যরত পুরুষদের সম্বন্ধেও এই একই নিয়ম

প্রযোজ্য হয়... যেখানে তাঁদের 'শ্রী' বলে সম্বোধিত করা হয়ে থাকে।

যদি কোন পুরুষ অথবা মহিলার একাধিক উপনাম থাকে... তাহলে সেগুলোর মধ্যে থেকে অত্যধিক প্রচলিত নামেরই গণনা করা উচিত।

এই প্রকার উপনাম বা পদবী ইত্যাদির সম্বন্ধেও সেই সব শব্দগুলোর গণনা করা উচিত... যেগুলো নামের সাথে যুক্ত হয়ে রয়েছে বা সম্মান প্রদর্শনের জন্য যুক্ত করা হয়েছে।

এই মামলায় ভালো আর উপযুক্ত উদাহরণ হচেছন খ্যাতনামা শ্রীমতি ম্যাল্‌বা।

এই মহান মহিলার উপনাম বা মোট নামের সংযুক্ত সংখ্যা 15 তৈরী হয়... যেটার মূল সংখ্যা 06 হয়। এই দুটো সংখ্যাই সফলতা আর শান্তির পক্ষে গুরুত্বপূর্ণ হয়। একটি লেখায় আমি সংযুক্ত সংখ্যা 15-র ব্যাপারে লিখেছিলাম – "যদি এই সংখ্যার সাথে কোন ভালো অথবা সৌভাগ্যশালী মূল সংখ্যার সম্বন্ধ হয়ে পড়ে... তাহলে সেটা অত্যন্ত শক্তিশালী আর ভাগ্যশালী প্রমাণিত হয়। এই সংখ্যার ব্যক্তিরা অত্যন্ত ভালো কথা বলেন, বাক্‌পটু হন, সঙ্গীতজ্ঞ হন আর কলা জগতে জাদুর মত প্রভাব রাখা ব্যক্তিত্বের অধিকারী হন। এই সব গুণ এই মহান মহিলা ম্যাল্‌বা-র মধ্যে ছিল। ওনাকে সারাটা জীবন ওনার ব্যবসায় 'ম্যাল্‌বা' নামেই ডাকা হত।"

ওনার নাম নেল্লী ম্যাল্‌বা-র সংখ্যা 10 তৈরী হয়। এই সংযুক্ত সংখ্যাও শক্তিশালী হয় আর এর মূল সংখ্যা 01-ও প্রভাবশালী ব্যক্তিত্ব আর উচ্চ অভিলাষার প্রদর্শন করে। এই সংখ্যা এই জিনিষটাকেও প্রকট করে যে, এই সংখ্যার ব্যক্তিরা যে কোন পেশায় থাকুন না কেন... তাঁরা তাতে প্রমুখ হতে চান।

যদি ওনার খেতাব 'ডেম' (DAME)-য়ের ভাগ্যশালী সংখ্যা 05-কে ওনার নাম নেল্লী ম্যাল্‌বা-র সাথে যুক্ত করে দেওয়া হয়... তাহলে মূল সংখ্যা ডেম (DAME) 05, নেল্লী (NELLIE) 04 এবং ম্যাল্‌বা-র 06 – এই তিনটেকে যোগ করেও সংযুক্ত সংখ্যা 15-ই আসে। এই প্রকার এই মহিলা যতদিন জীবিত ছিলেন... সৌভাগ্য সর্বদা ওনার পাশে ছিল।

এখানে আমি ব্যক্তির পদের এমন এক উদাহরণ পেশ করব... যেটা দুর্ভাগ্যশালী সংখ্যা তৈরী করে... কিন্তু সৌভাগ্যের প্রশ্নে এটা অধর্মজনক ভাবে প্রভাবের পূর্বাভাষ প্রদান করে।

যেখানে পদবী বা খেতাবের সংখ্যা 04 বা 08 তৈরী হয়, সেটা দ্বারা এই আভাষ হয় যে, নামের ভাগ্যশালী সংখ্যা প্রভাবহীন হয়ে পড়বে এবং ব্যক্তি শাসন ক্ষমতা আর সৌভাগ্য থেকে বঞ্চিত থেকে যাবে। এমন মামলায় পদবী, ব্যক্তির পক্ষে বাধক প্রমাণিত হয়... সেটা দ্বারা প্রসন্নতা প্রাপ্ত হয় না।

এই দৃষ্টিতে নেপোলিয়নের উদাহরণ দেওয়া যেতে পারে। ওনার নামের সংযুক্ত সংখ্যা 41 তৈরী হয়। এই সংখ্যার ব্যাপারে আগেই এমনটা লেখা হয়েছে – "এটা এক জাদুর মত প্রভাব বিস্তারকারী সংখ্যা এবং এর সম্বন্ধ জনতা আর রাষ্ট্রের সাথে রয়েছে।" এর মূল সংখ্যা 05-ও এক ভাগ্যশালী সংখ্যা হয়। যখন ওনাকে নেপোলিয়ন (প্রথম) বলে সম্বোধিত করা শুরু হল... তখন প্রথম (I)-কে ওনার নামের সাথে মেলানোর কারণে সংযুক্ত সংখ্যা 42 তৈরী হল... যেটার মূল সংখ্যা 06 হয়। এই দুটি সংখ্যাও শাসন ক্ষমতা আর সৌভাগ্যর প্রতীক হয়। এজন্য ওনার নাম ইতিহাসে অমর হয়ে গেছে এবং ওনাকে নেপোলিয়ন (প্রথম) বলে ডাকা হতে লেগেছে।

নেপোলিয়ন (তৃতীয়) (III)-য়ের সংযুক্ত সংখ্যা 44 তৈরী হয়। এনার ব্যাপারে আমি নিজের লেখায় আগেই জানিয়েছি যে, এই সংখ্যা ভবিষ্যতের প্রতি সতর্কবার্তা প্রদান করে। এর থেকে এটা জানতে পারা যায় যে, অন্যান্য ব্যক্তিদের অ-সহযোগ আর ভুল পরামর্শের কারণে সংকট উপস্থিত হবে। আপনারা এটা জানেন যে, নেপোলিয়ন (তৃতীয়) (III)-য়ের সাথেও এমনটাই হয়েছিল। ওনার নামের মূল সংখ্যা 08 তৈরী হয়। কিন্তু এই 08 সংখ্যা নেপোলিয়নের নামের জাদুর ওপরে নিজের প্রভুত্ব বিস্তার করে নেয়... যার ফলে ওনার অবস্থা এটাই হয়েছিল যে, নেপোলিয়ন III-কে ইতিহাসে ফ্রান্স হারিয়ে ফেলা ব্যক্তির রূপে জানা যায়।

এই দুটি উদাহরণ থেকে এটা স্পষ্ট হয়ে ওঠে যে, নামের সাথে যুক্ত করা উপসর্গ অথবা বংশ-পরম্পরা থেকে প্রাপ্ত পদবীরও সংখ্যা-বিজ্ঞানে যথেষ্ট গুরুত্ব রয়েছে। এর সাথে সম্বন্ধিত সংখ্যাগুলোর যোগ দ্বারা ভালো বা খারাপ ভবিষ্যতের সংকেত পাওয়া যায়।

রাজ্যাভিষেকের সময় রাজা-রানীদের যে পদবী বা খেতাব প্রদান করা হয়ে থাকে... সেটা তাঁদের জন্মের সংখ্যার সাথে মেলানো সাধারণতঃ বড়ই রোচক হয়।

এই সম্বন্ধে আমরা সম্রাট এডওয়ার্ড (সপ্তম)-য়ের উদাহরণ নিতে পারি। উনি যখন রাজগদীতে বসেন... তখন উনি নিজের নাম এ্যালবার্ট থেকে বদলে এডওয়ার্ড রেখে নেন। এই নামের সংখ্যা এই প্রকার তৈরী হয় ঃ

KING	11 = 02
EDWARD	22 = 04
VII	= 02
	= 13

আমি আগেই লিখেছি যে, এই সংখ্যা গুরুতর সতর্কবার্তার সূচক হয় আর এর প্রতীক হয় 'কঙ্কাল' অথবা 'মৃত্যু'।

নিশ্চিত রূপে এটা ইংল্যাণ্ডে হওয়া পরিবর্তনের সতর্কবার্তা ছিল। যদি ওনার জন্ম তারিখ 09 নভেম্বরকে 04-য়ের সাথে যোগ করে দেওয়া হয়... তাহলে সেটা 13 হয়। এটা সেই সতর্কবার্তাকে আরও বেশী সুনিশ্চিত করে তোলে আর শাসন কাল সংক্ষিপ্ত হওয়ার সংকেত প্রদান করে।

কিং জর্জ V-য়ের প্রসঙ্গে, ওনার নামের সংখ্যা এই প্রকার ঃ

কিং KING (02 + 01 + 05 + 03)	= 11 = 02
জর্জ GEORGE (03 + 05 + 07 + 02 + 03 + 05)	= 25 = 07
পঞ্চম V	= 05 = 05
	= 14 = 05

সংযুক্ত সংখ্যা 14-র সম্বন্ধে আগেই জানানো হয়েছে – এই সংখ্যা গতিবিধি, ব্যক্তি অথবা বস্তুর মিলিত হওয়া বা একত্রিত হওয়াকে প্রকট করে। এর দ্বারা তুফান, বন্যা, হাওয়া বা আগুন থেকে হওয়া ক্ষতির সম্ভাবনার সংকেতও পাওয়া যায়। এটা আমাদের এই সংকটের সংকেতও প্রদান করে যে, অন্য ব্যক্তিদের মূর্খতাপূর্ণ কাজ দ্বারা ক্ষতি হতে পারে।

সম্রাট জর্জ (পঞ্চম)-য়ের জন্ম 03 জুন মিথুন রাশিতে হয়েছিল। একে বায়ুর

প্রথম স্হান বলা হয়। এর ফল এটা হয়েছিল যে, নাম আর পদবীর সংযুক্ত সংখ্যা দ্বারা সংকটের সম্ভাবনা আরও বেড়ে উঠতে লাগল... যার পরিণামস্বরূপ সম্রাটের ফুসফুসের ওপরে প্রভাব পড়ল আর সেটা খারাপ হয়ে পড়ল।

ইংল্যাণ্ডের রাজধানীর রাশিও মিথুন। এরও বায়ু অর্থাৎ ঝড়-তুফান থেকে অত্যধিক ক্ষতি হওয়ার সম্ভাবনা রয়েছে।

এটা এক বড়ই বিচিত্র সংযোগ যে, কেবল সম্রাট জর্জ (পঞ্চম)-ই নন... ক্যুইন মেরী আর ডিউক অফ্ উইণ্ডসরের জন্মরাশিও মিথুন। যেমনটা আগেই জানানো হয়েছে যে, এনাদের গৃহস্বামী হচ্ছে বায়ু। লণ্ডনের জন্যও এই নিয়ম প্রযোজ্য হয়।

ক্যুইন মেরীর অন্য আরও কিছু নামও প্রচলিত ছিল... কিন্তু মুখ্য রূপে উনি 'ক্যুইন মেরী' নামেই পরিচিতা ছিলেন। ওনার নামের সংখ্যা এই প্রকার ঃ

ক্যুইন QUEEN (01 + 06 + 05 + 05 + 05)	= 22 = 04
মেরী MARY (04 + 01 + 02 + 01)	= 08
পঞ্চম V	12 = 03

এখানে নামের সংযুক্ত সংখ্যা হচ্ছে 12! এই সংখ্যার অর্থ আমি আগেই জানিয়েছি। এই সংখ্যা 'মানসিক চিন্তা'-র দ্যোতক হয় এবং একে 'বলিদান'-য়ের প্রতীকও বলা হয়। ক্যুইন মেরীর জন্ম 26 মে হয়েছিল। ওনার জন্ম-সংখ্যা 08 আর ওনার নামে 04 আর 08 – দুটি সংখ্যাই আসে।

এই উদাহরণ থেকে নামের সাথে পদবী ইত্যাদি লাগালে যে অর্থ বার হয়... সেটা থেকে খেতাব বা নামের উপসর্গ ইত্যাদির গুরুত্ব বা ফলের ব্যাপারে জানতে পারা যায়।

এটা মাথায় রাখবেন যে, প্রিন্স অফ্ ওয়েল্স (দ্য ডিউক অফ্ উইণ্ডসর)-য়ের জন্ম 23 জুন, 1804 হোইটলাজ, রিচমাণ্ড পার্ক, লণ্ডনে রাত 10:00-টার সময় হয়েছিল। এই সময়কে মিথুন আর কর্কট রাশির শিখর অবস্হা বলা হয়।

সূর্য এই দিন মিথুন রাশি পার করে কর্কট রাশিতে 02.21 ডিগ্রীতে প্রবেশ করে নিয়েছিল। এর ফলস্বরূপ ওনার সারাটা জীবনের ওপরে মিথুন রাশির প্রভাব ছিল।

সম্রাট জর্জ-য়ের জন্ম 03 জুন, 1865 মধ্যরাত্রি 01:18 মিনিটে মেলবরী হাউস, লণ্ডনে হয়েছিল। সেই সময় সূর্য মিথুন রাশিতে 22.25 ডিগ্রীতে ছিল।

সম্রাজ্ঞী ক্যুইন মেরী-র জন্ম 26 মে, 1867 রাত 11:59 মিনিটে কেনসিংটন প্যালেস, লণ্ডনে হয়েছিল। এটা বৃষ আর মিথুন রাশির যোগের সময় ছিল আর সূর্য মিথুন রাশিতে 05.13 ডিগ্রীতে ছিল।

❑❑❑

23

সৌভাগ্যশালী দিনের ব্যাপারে কি ভাবে জানবেন ?

আমার কাছে পাঠকদের অনেক চিঠি আসতে থাকে আর এই প্রসঙ্গে আমি নিজের পাঠকদের অনেক চিঠির উত্তরে নিজের পুস্তকে এক মুখ্য জিনিষ এটা জানিয়েছি যে ব্যক্তির গুরুত্বপূর্ণ অথবা সৌভাগ্যশালী দিন কি ভাবে বার করা যেতে পারে ?

আমি আগেই জানিয়েছি যে, ব্যক্তির পক্ষে নিজের প্ল্যান-প্রোগ্রাম অথবা কোন কাজ শুরু করার জন্য সব থেকে বেশী গুরুত্ব তাঁর নিজের জন্ম-তারিখের থাকে।

উদাহরণ হিসেবে – যদি কোন ব্যক্তি এমনটা বলেন যে, তাঁর জন্ম কোন মাসের 01 তারিখে হয়েছে... তাহলে তাঁর যে কোন কাজ শুরু করার পক্ষে সব থেকে ভালো দিন সেই সব তারিখ হবে... যেগুলোর যোগফল 01 হবে, যেমন – 01, 10, 19 বা 28 তারিখ। কিন্তু এই সব তারিখগুলো সংখ্যা 01 বা সংখ্যা 02-য়ের সময়ে পড়ে। সংখ্যা 02-য়ের সময় হচ্ছে – 21 জুন থেকে 20 জুলাই পর্যন্ত এবং সংখ্যা 01-য়ের সময় হচ্ছে 21 জুলাই থেকে 20 আগস্ট পর্যন্ত। যদি 01 তারিখে জন্ম গ্রহণ করা ব্যক্তি সেই সময়ে আর সেই সব তারিখগুলোয় কাজ শুরু করেন, যেগুলোর যোগফল 01 হয়... তাহলে তিনি সেই সব ব্যক্তিদের তুলনায় বেশী সফলতা অর্জন করবেন... যাঁরা এটা জানেনই না যে, তাঁদের সৌভাগ্যশালী দিন কোন্‌গুলো ?

এটা অত্যন্ত স্বাধীন আর গুরুত্বপূর্ণ নিয়ম। এজন্য আমি এই নিয়মের অনুসরণ করার পরামর্শ দিয়ে থাকি।

এই কাজটাকে আরও বেশী প্রভাবশালী করে তোলার উপায় গ্রহণ করার জন্য আমার বক্তব্য হচ্ছে এই যে, ব্যক্তি প্রাচীন হিব্রু বর্ণমালার অনুরূপ নিজের নামের অক্ষরগুলোর সংখ্যা বার করুন। তাঁর নিজের নামের অক্ষরগুলো থেকে কোন অক্ষর কম করে অথবা কোন অক্ষর বাড়িয়ে এমন কোন সংখ্যা বার করা উচিত... যেটা তাঁর জন্মের সংখ্যাগুলোর সিরিজের অনুকূল হবে। এর বিধি আমি আগেই জানিয়েছি। এই প্রকার যখন নাম আর জন্মের সংখ্যাগুলোয় অনুকলতা বা সমানতা এসে পড়বে... তখন ব্যক্তির নিজের যে কোন গুরুত্বপূর্ণ কাজ সেদিন শুরু করা উচিত। সেই সংখ্যা-সিরিজের সাথে সম্বন্ধিত সকল সংখ্যা তাঁর পক্ষে গুরুত্বপূর্ণ হবে – এটা সর্বদা মাথায় রাখা উচিত।

উদাহরণ হিসেবে যদি কোন ব্যক্তির জন্ম কোন মাসের 01 তারিখে হয়... তাহলে তাঁর জন্য 10, 19 আর 22 তারিখেরও সংখ্যা 01-য়ের সমানই গুরুত্ব থাকে। যেসব ব্যক্তি কোন মাসের 10, 19 বা 22 তারিখে জন্ম গ্রহণ করেন... তাঁদের ভাগ্য-সংখ্যাও 01-ই হবে।

এটা অত্যন্ত স্পস্ট যে, যখন ব্যক্তি এই বিচার বা সিদ্ধান্ত অনুসারে কাজ শুরু করেন... তখন তাঁর এমন আশা করা উচিত নয় যে, তাঁর ভাগ্যে জাদুর মত হঠাৎ করে কোন পরিবর্তন এসে পড়বে। আমার কাছে এমনও অনেক চিঠি আসতে থাকে... যেগুলোয় লোকেরা এমন কামনা করেন যে, 24 ঘন্টার মধ্যে তাঁদের ভাগ্য বদলে যাওয়া উচিত। এক ব্যক্তি কয়েক মাস আগে এমনটা লিখেছিলেন যে, এক সপ্তাহের মধ্যেও তাঁর দুর্ভাগ্যে কোন পরিবর্তন আসেনি... কিন্তু সেই ব্যক্তি তার 03 মাস পরে এমনটা লিখেছিলেন যে, তাঁর সকল ব্যাপারে স্পস্ট উন্নতি হতে লেগেছে।

এমনটা মনে হয় যে, আমি জন স্মিথের নামের সংখ্যাগুলোর যে উদাহরণ দিয়েছিলাম... সেটা কেউ-কেউ বুঝতেই পারেননি। আমি বলেছিলাম যে, যদি জন স্মিথ নিজের মনিবের কাছে ওনার বেতন বাড়ানোর কথা বলতে চান... তাহলে ওনার নিজের নামের সংখ্যাগুলোর যোগ করা উচিত। তারপর সেই সংখ্যার সাথে সেই তারিখ যোগ করা উচিত... যেদিন উনি নিজের মনিবের সাথে দেখা করতে চান আর শেষে নিজের জন্ম-সংখ্যা যোগ করা উচিত। এই প্রকার জন স্মিথের সংযুক্ত সংখ্যা 15 তৈরী হয়... যেটার মূল সংখ্যা 06 তৈরী হয়! গত অধ্যায়ে সংখ্যা 15-য়ের অর্থ জানানো হয়েছে – 'অন্য ব্যক্তিদের থেকে ধন, পুরস্কার আর অনুকম্পা গ্রহণ করার মামলায় এই সংখ্যা অত্যন্ত সৌভাগ্যশালী।'

কিন্তু এমনটা সেই অবস্থায় লাভপ্রদ প্রমাণিত হবে... যখন কোন বিশেষ দিনেই নিজের উন্নতির ব্যাপারে কথা বলতে হবে। এই বিধি কোন বিশেষ দিনের সম্বন্ধে বিচার করার জন্য হয়... সম্পূর্ণ বছরের কাজের ব্যাপারে এটা প্রযোজ্য হয় না। সেটার জন্য বিধি হচেছ এই যে, ব্যক্তির নিজের জন্ম-সংখ্যা অনুসারেই কাজ করা উচিত। যেমন – যদি আপনার জন্মের মূল সংখ্যা 01 তৈরী হয়... তাহলে আপনার পক্ষে সেই সব তারিখ উপযুক্ত হবে, যেগুলোর যোগফল 01 হয়, যেমন – 01, 10, 19 বা 28 ইত্যাদি।

এটা সর্বদা মাথায় রাখবেন যে, জন স্মিথের যে উদাহরণ এর আগে দেওয়া হয়েছে আর যে বিধি জানানো হয়েছে... সেটা অত্যন্ত ব্যক্তিগত, সেটার সাথে মনিবেরও সম্বন্ধ রয়েছে। এজন্য সেই সিদ্ধান্তের সম্বন্ধে সম্পূর্ণ নিশ্চয়তার সাথে কিছুই বলা চলে না।

❑❑❑

24

রং আর সংখ্যার মধ্যে সম্বন্ধ

রং আর সংখ্যার ব্যাপারে তথ্য প্রাপ্ত করার জন্য অনেক পাঠকের লেখা অনেক চিঠি থেকে এটা জানতে পারা যায় যে, তাঁদের মনে মাসের সংখ্যা আর জন্মদিনের সাথে সম্বন্ধিত জানানো রং-য়ের ব্যাপারে কিছু ভ্রান্তি রয়েছে। কিন্তু আপনারা যদি এটা মাথায় রাখেন যে, মাসের সংখ্যা ব্যক্তির ততটা নিকট হয় না... যতটা নিকট জন্মের সংখ্যা হয় – তাহলে আপনাদের মাসের সংখ্যা আর দিনের সংখ্যা অনুসারে যে রং জানানো হয়েছে, সেটার ব্যাপারে কোন প্রকারের সন্দেহ থাকা উচিত নয়।

উদাহরণ হিসেবে জানুয়ারী মাসকে নিন। এটাকে সংখ্যা 08-য়ের সময় হিসেবে মানা হয়ে থাকে। এই ব্যাপারে আমি নিজের পুস্তকে এমনটা জানিয়েছি যে, 21 ডিসেম্বর থেকে 20 জানুয়ারী পর্যন্ত সময় পোজিটিভ বা ইতিবাচক এবং 21 জানুয়ারী থেকে 21 ফেব্রুয়ারী পর্যন্ত সময় নেগেটিভ অথবা নেতিবাচক হয়। আমি নিজের পুস্তকে এমনটা জানিয়েছি যে, সংখ্যা 08-য়ের রং হচ্ছে – গাঢ় খয়েরী, গাঢ় নীল আর বেগুনী। 'হোয়েন এভার য়্যু বর্ন' নামক এক অন্য পুস্তকে সংখ্যা 08-য়ের ব্যাপারে এমনটা জানানোর সময় ভায়োলেট রং-কে যুক্ত করা হয়েছে। এর সাথে-সাথেই আমি ধূসর, নীল, মাটির রং আর গেরুয়া রং-য়ের সকল প্রকার শেডেরও উল্লেখ করেছি। এই সংখ্যার জন্য শুভ অথবা সৌভাগ্যশালী রত্ন হিসেবে আমি গাঢ় রং-য়ের সকল রত্ন, যেমন – লাল মাণিক্য আর গাঢ় রং-য়ের নীলা জানিয়েছি। সংখ্যা 08-য়ের জন্য সঠিক রত্ন নীলাই হয়। সেই পুস্তকে আমি জন্ম-সংখ্যা 04-য়ের ব্যক্তিদের জন্য ধূসর এবং বিদ্যুতের রং-য়ের সকল শেড, হলুদ আর সবুজ রং-য়ের হাল্কা শেডের ব্যাপারে জানিয়েছি। তারপর প্রকাশিত পুস্তকে সংখ্যা 04-য়ের ব্যক্তিদের জন্য রং-য়ে আমি কিছুটা কাটছাঁট করেছি, যেমন – বিদ্যুতের রং। আমি সেই পুস্তকে এটাও জানিয়েছি যে, সংখ্যা 04-য়ের ব্যক্তিদের জন্য ইলেক্ট্রিক নীল আর ধূসর রং বেশী উপযুক্ত হয়। এই সবের মধ্যে পারস্পরিক বিরোধিতা নেই, যেমনটা অনেক পাঠকদের চিঠিতে জানতে পারা যায়। আমি মুখ্য রূপে সংখ্যাগুলোকে মাথায় রেখে রং-য়ের সম্বন্ধে বেশী তথ্যের জন্য লিখেছি... কিন্তু এই বিদ্যার অনেকগুলি পক্ষ রয়েছে... যেগুলো এই ছোট্ট পুস্তকে সমাহিত করাটা অত্যন্ত কঠিন।

পাঠকদের চিঠিতে প্রকাশ পাওয়া তাঁদের আশংকার নিবারণ করার জন্য এখানে আরও কিছু তথ্য প্রদান করা হচ্ছে। আমার আশা যে, সেগুলো

দ্বারা পাঠকদের মনের সন্দেহ দূর হবে আর তাঁদের পক্ষে এই জ্ঞান বুঝতে সহায়তা প্রাপ্ত হবে।

উদাহরণ হিসেবে ধরে নিন যে, কোন ব্যক্তির জন্ম 06 জানুয়ারী হয়েছে আর তিনি আমার পুস্তক 'হোয়েন এভার য়ু বর্ন'-তে এমনটা পড়েছেন যে, জানুয়ারী মাসের সংখ্যা হচ্ছে 08 আর সংখ্যা 08-য়ের রং হচ্ছে সকল ধূসর, সকল বেগুনী আর কালো। এমন ব্যক্তিদের এমন সন্দেহ থাকে যে, তাঁরা সংখ্যা 06-য়ের অনুরূপ জানানো রং অনুসারে চলবেন, না কি সংখ্যা 08-য়ের অনুরূপ জানানো রং অনুসারে চলবেন ? এই বিষয়ে আমার বক্তব্য হচ্ছে এই যে, মুখ্য রূপে তো সংখ্যা 06-য়ের সাথে সম্বন্ধিত রং-য়েরই প্রয়োগ করা উচিত... কিন্তু সংখ্যা 06-য়ের ব্যক্তি চাইলে তিনি সংখ্যা 08-য়ের জন্য জানানো রং-য়েরও ব্যবহার করতে পারেন।

অন্য আরও একটা উদাহরণের রূপে সংখ্যা 09-য়ের সময়ে জন্ম গ্রহণ করা ব্যক্তিদের নেওয়া যাক। যদি আপনারা আমার দ্বারা আগে জানানো সংখ্যা 09-র রং-য়ের সংজ্ঞার ব্যাপারে বিচার করেন... তাহলে এটা দেখতে পাওয়া যাবে যে, আপনারা সংখ্যা 09-য়ের সময় অর্থাৎ 21 মার্চ থেকে 27 এপ্রিল... যেটা সংখ্যা 09-য়ের পক্ষে পোজিটিভ অর্থাৎ ইতিবাচক সময় এবং 21 অক্টোবর থেকে 27 নভেম্বর পর্যন্ত নেগেটিভ অর্থাৎ নেতিবাচক সময়ে জন্ম গ্রহণ করেছেন।

আপনারা যদি রং-য়ের সম্বন্ধে আমার লেখা পুস্তক পড়েন... তাহলে আপনারা এটা জানতে পারবেন যে, আমি সংখ্যা 09-য়ের পোজিটিভ সময়ের জন্য লাল, গোলাপী রং-য়ের সকল টোন জানিয়েছি। এই প্রকার অক্টোবর-নভেম্বর মাসের নেগেটিভ সময়ের জন্য আমি নীল রং-য়ের সকল শেড জানিয়েছি।

আপনারা এমন প্রশ্ন করতে পারেন যে, নীল রং কেন জানানো হয়েছে ?

এই প্রশ্নের উত্তরে আমার বক্তব্য হচ্ছে এই যে, 21 অক্টোবর থেকে 27 নভেম্বরের রাশিচক্র অনুসারে শুক্র নিজের পোজিটিভ দৃষ্টিকোণে অবস্থান করে আর শুক্রের সংখ্যা 06 হয় এবং সেটার প্রতিনিধি রং হচ্ছে নীল রং-য়ের সকল শেড। এই রং-য়ের নীল কিরণ রাশিচক্রে প্রভাব বিস্তার করে। এই প্রকার সংখ্যা 09-য়ের নেগেটিভ সময়ে জন্ম গ্রহণ করা ব্যক্তিদের জন্য নীল রং-য়ের সকল শেড অনুকূল প্রমাণিত হয়।

আমি আবার এক বার পেছন ফিরে সংখ্যা 09-য়ের দু প্রকারের সময়ের বিচার করে এমনটা বলতে চাই যে, এর মূল রং লাল আর গোলাপী এবং এই নিয়ম এই প্রকার সংখ্যা 09-য়ের সময়ের জন্যও বোঝা উচিত। যে ব্যক্তি কোন মাসের 06, 15, 26 তারিখে জন্ম গ্রহণ করেছেন, যেটা সংখ্যা 09-য়ের সময়... তাঁর মুখ্য রং হচ্ছে নীল রং-য়ের সকল শেড আর তারপর লাল বা গোলাপী রং-য়ের শেড।

এই নিয়ম বছর বা মাসে জন্ম-তারিখের ক্ষেত্রেও প্রযোজ্য হয়।

❑❑❑

25

নিজের সংখ্যার গুরুত্ব জানুন

আমি এমনটা চাই যে, পাঠকবৃন্দ নিজেদের ভাগ্য-সংখ্যার যতটা বেশী সম্ভব লাভ ওঠান... তা তাঁদের সংখ্যা যতই হোক্ না কেন ! আমার দৃঢ় বিশ্বাস যে, এর দ্বারা তাঁদের নিজেদের সংখ্যার গুরুত্ব জানতে পর্যাপ্ত সহায়তা প্রাপ্ত হবে।

আপনারা যখন নিজেদের জীবনের মুখ্য বা অত্যধিক প্রভাবশালী সংখ্যা জেনে যাবেন... তখন সেই সংখ্যার শক্তি আর প্রভাবকে দৃঢ় করে তুলতে সহায়তা প্রাপ্ত হবে... কিন্তু এই সুবিধা সংখ্যা 08 বা কোন মাসের 17 বা 26 তারিখে জন্ম গ্রহণ করা ব্যক্তিদের ওপরে প্রযোজ্য হয় না। তাঁদের পরামর্শ পরে দেওয়া হবে।

নিজেদের সংখ্যার প্রভাব বা শক্তির ব্যাপারে তথ্য সেই সংখ্যার ওপরে মনোযোগ কেন্দ্রীভূত করলে প্রাপ্ত হতে পারে। এই বিলক্ষণ শক্তির সম্বন্ধে খুব কম ব্যক্তিই জানেন।

সকল সফল স্ত্রী-পুরুষেরা ঈশ্বরের থেকে উত্তরাধিকার সূত্রে এই শক্তি প্রাপ্ত করেন আর কিছু ব্যক্তি নিজেদের অজান্তেই এই শক্তির উপযোগ করতে লাগেন। কিছু ব্যক্তি জন্মগত ভাবে এই শক্তির অধিকারী হন আর কিছু ব্যক্তি এই শক্তি বিকশিত করে নেন – কিন্তু অধিকাংশ ব্যক্তি এর উপযোগ করেন না।

আপনারা নিশ্চয়ই এমনটা দেখে থাকবেন যে, অনেক ব্যক্তি নিরর্থক কথা বলতে থাকেন। অনেক বার তাঁরা কোন ভিত্তিহীন জিনিষের অনুসরণ করতে লাগেন... কিন্তু শেষ পর্যন্ত তাঁরা এটা জানতে পারেন না যে, সেটা ঠিক কি ছিল ? তাঁরা এটাও চিন্তা করতে থাকেন যে, আমরা যাঁর কথায় চলছি... তিনিই ব্যর্থ ছিলেন। এমনটা এজন্য হয়, কারণ এমন ব্যক্তিদের মধ্যে কোন জিনিষের ওপরে মনোযোগ কেন্দ্রীভূত করার শক্তি থাকে না... যার পরিণামস্বরূপ তাঁদের কথাতেও কোন প্রভাব থাকে না।

এই প্রকার অনেক ব্যক্তি চিঠি লেখার সময় ভারী-ভারী শব্দের আশ্রয় নেন। তাঁদের বিচারধারা আর বাক্যের কোন অর্থই বার হয় না এবং লোকেদের ওপরে সেটার কোন প্রভাবও পড়ে না। লোকেরা সেগুলোকে ওয়েস্ট পেপার বাস্কেটে ফেলে ভুলে যান।

এর ঠিক বিপরীত কোন-কোন ব্যক্তি কম শব্দ লেখেন... কিন্তু সেগুলোয় প্রভাব থাকে। অথবা তাঁরা এমন কথা লেখেন... যার মধ্যে আপনারা আপনত্ব অনুভব করেন। এই জিনিষটার রহস্য হচ্ছে সেই সব ব্যক্তির মানসিক একাগ্রতা।

এই শক্তি বিকশিত করার সরল উপায় হচ্ছে, সংখ্যাগুলোর সঠিক প্রয়োগ। এবার আমি নিজের এই বক্তব্যের বিশ্লেষণ করছি।

এর জন্য সবার প্রথমে তো ব্যক্তির নিজের সংখ্যার ব্যাপারে জ্ঞান থাকা উচিত। এই

সম্বন্ধে অধিকাংশ মামলায় প্রতিটি ব্যক্তির পক্ষে জন্মের সংখ্যাকেই নিজের সংখ্যা হিসেবে মেনে নেওয়াটা সরল আর সঠিক পদ্ধতি হয়। এর পরে সেই সংখ্যার পূর্ণ অর্থ জানা উচিত আর সব শেষে ব্যক্তির এমনটা মনে করা উচিত যে, সেই সংখ্যাটাই তাঁর নিজস্ব, তিনি সেই সংখ্যাটার প্রতিনিধিত্ব করেন আর সেই সংখ্যাটাই তাঁর অভিন্ন অঙ্গ। সেই সংখ্যাই তাঁর লক্ষ্য আর প্ল্যান-প্রোগ্রামের পূর্তির একমাত্র সাধন।

এটা হচ্ছে এক মূলভূত বিশ্বাস... এর ওপরেই সম্পূর্ণ ধাঁচা দাঁড়িয়ে রয়েছে।

এবার আসুন... আরও এক পা এগোন যাক। নিজের বিশেষ সংখ্যার ব্যাপারে জেনে নেওয়ার পরে স্ত্রী হোক্ বা পুরুষ – প্রত্যেক ব্যক্তির দৃঢ়তার সাথে সকল সম্ভবপর কাজগুলো করার জন্য সেই সংখ্যার উপযোগ করা উচিত।

তাঁদের নিজেদের সংখ্যার তারিখ আর দিনগুলো অত্যন্ত সতর্কতার সাথে মনে রাখা উচিত আর সম্পর্ণ মন দ্বারা সেই সংখ্যার দিন অথবা তারিখে নিজেদের কাজ করার ব্যাপারে মনস্থির করা উচিত। কাজের রূপরেখা প্রস্তুত করার পরে সেই মত আচরণ করা উচিত এবং সেদিন কোন প্রকারের সংকোচ ছাড়াই, সেই কাজে লেগে পড়া উচিত।

সংখ্যাগুলোর সম্বন্ধে আগের অধ্যায়গুলো পড়ার পরে পাঠকেরা নিজেদের সংখ্যা অথবা অন্য কোন সংখ্যার ব্যক্তির স্বভাবের ব্যাপারে জেনে গিয়ে থাকবেন। এমন অবস্থায় যে ব্যক্তির সামনে ইন্টারভিউ দিতে যেতে হবে... তাঁর স্বভাব, তাঁর জন্ম-তারিখ থেকে জেনে নেওয়াটা অত্যন্ত সরল হয়... কারণ জন্মের তারিখ তো সবাই জানিয়ে দেন। বয়স লুকোবার জন্য কেউ হয়তো জন্মের বছর না-ও জানাতে পারেন... যেমনটা স্ত্রীরা প্রায়ই করে থাকেন... কিন্তু জন্ম-তারিখ তো সবাই বলে দেন।

সংখ্যা 01 দ্বারা প্রভাবিত ব্যক্তি এই জিনিষটা ভালো ভাবে বুঝতে পারেন যে, তাঁর কাছে সংখ্যা 03-য়ের ব্যক্তিকে প্রভাবিত করা বৃথা। এর বিপরীত তাঁর নিজের ইচ্ছাশক্তিকে প্রবল করে তোলা উচিত আর সততার সাথে নিজের কর্তব্যগুলোর পালন করা উচিত। ব্যবস্থা আর অনুশাসনের প্রতি তাঁর স্বভাব, স্বাধীনতার ভাবনা, স্বাভিমান আর সম্মান ইত্যাদি জিনিষ সংখ্যা 03-য়ের ব্যক্তিদের কাছে প্রমুখ আধার হয়।

যদি সংখ্যা 01 দ্বারা প্রভাবিত ব্যক্তি নিজের উদ্দেশ্য আর প্ল্যান-প্রোগ্রামের সাথে-সাথে ওপরের জিনিষগুলোর প্রতিও দৃষ্টি দেন... তাহলে সংখ্যা 03-য়ের ব্যক্তির সাথে দেখা করলে তিনি এমনটা দেখতে পাবেন যে, যে ব্যক্তির সাথে দেখা করাটা বা যে ব্যক্তির কাছ পর্যন্ত পৌঁছনো অত্যন্ত কঠিন বলে মনে হচ্ছিল... সেই কাজটা অত্যন্ত সহজ হয়ে গেছে। শুধু তাই নয়... তিনি যথাসম্ভব সহায়তার আশ্বাসনও প্রদান করবেন এবং সঠিক পরামর্শ-ও দেবেন – যেটা অবশ্যই সেই ব্যক্তির পক্ষে লাভদায়ক প্রমাণিত হবে।

নিজের সংখ্যা অনুসারে কোন কাজের জন্য লোকেদের সাথে দেখা করার দিন নির্দিষ্ট করে নিজেদের প্ল্যান-প্রোগ্রামের ওপরে একাগ্রচিত্ত হয়ে থাকতে পারলে আপনারাও এমনটা অনুভব করবেন যে, কত সরলতার সাথে আপনারা অন্যদের ওপরে নিজেদের প্রভাব বিস্তার করতে পারেন।

❑❑❑

26 সংখ্যা 01 - 04-য়ের ব্যক্তিদের সংযোগ এবং সংখ্যা 04 - 08-য়ের ব্যক্তিদের জন্য পরামর্শ

এর আগের অধ্যায়ে আমি সংখ্যা 04 এবং সংখ্যা 08-কে বাদ দিয়ে নিজেদের সংখ্যার ওপরে মনোযোগ কেন্দ্রীভূত করার এবং এটার শক্তি বৃদ্ধি করার উপযোগিতার ব্যাপারে জানিয়েছি। আমরা এখানে এক উদাহরণ নিচ্ছি – ধরুন, কোন সংখ্যার ব্যক্তি নিজেরই সংখ্যার অন্য কোন ব্যক্তির সাথে মিলিত হলেন। পাঠকবৃন্দ আগে থেকেই এটা জানেন যে, একই সিরিজের ব্যক্তিদের মধ্যে পারস্পরিক সৌহার্দ্র থাকে। তাঁরা একে-অপরের সাথে যখনই মিলিত হন... এমনটা মনে হয়, তাঁরা যেন নিজেদের নিকটতম ব্যক্তির সাথে মিলিত হচ্ছেন। আর এই জ্ঞান থেকে তাঁদের মনে সবার প্রথমে এই ভাব আসে যে, একই সংখ্যার অন্য ব্যক্তি তাঁদেরই একজন... তিনি কোন অপরিচিত ব্যক্তি নন। এই প্রকারের ভাবনা দ্বারা ব্যক্তির ঘাবড়ানি ভাব সমাপ্ত হয়ে পড়ে আর এর দ্বারা একে-অপরের প্রতি আপনত্বের ভাবনার সৃষ্টি হয়।

এবার আমরা এমনটা ধরে নিচ্ছি যে, সংখ্যা 01-য়ের কোন ব্যক্তিকে সংখ্যা 02-য়ের কোন ব্যক্তির সাথে কোন কাজের জন্য দেখা করতে হবে। এমন অবস্থায় দেখা করতে যাওয়া ব্যক্তির সংখ্যা 01 বা সংখ্যা 02-য়ের সিরিজের 01, 02, 10, 11, 20, 28 বা 29 ইত্যাদি তারিখে দেখা করার সময় নির্দিষ্ট করা উচিত। সংখ্যা 01-য়ের ব্যক্তি এটা জেনে গেছেন যে, সংখ্যা 02-য়ের ব্যক্তি সংখ্যা 01-য়ের স্ত্রৈণ প্রবৃত্তির হন। এমন অবস্থায় তাঁরা যতই বিরোধী চরিত্রের হোন্ না কেন... তবুও সেই সব তারিখগুলোয় সংখ্যা 01 আর সংখ্যা 02-য়ের ব্যক্তিদের মধ্যে অনুকূলতা থাকে। এই প্রকার তাঁদের মধ্যে ভালো বোঝাপড়া তৈরী হয়। সংখ্যা 01-য়ের ব্যক্তির যদি এই ব্যাপারে জ্ঞান থাকে... তাহলে তিনি সংখ্যা 02-য়ের ব্যক্তিদের মত বিচারধারা ব্যক্ত করার চেস্টা করবেন আর এই প্রকারে তাঁর ভালো পরিণাম আর সুখের অনুভব হবে।

সংখ্যা 01 আর সংখ্যা 04-য়ের ব্যক্তিদের পরস্পরের সাথে সমান প্রভাবের দিনেই দেখা করা উচিত; কারণ সংখ্যা-বিদ্যায় সংখ্যা 01-য়ের সংখ্যা 04-য়ের সাথে সম্বন্ধ থাকে। এই সব সংখ্যাকে 01 - 04 বা 04 - 08 লেখা হয়ে থাকে... কিন্তু সংখ্যা 04-য়ের ব্যক্তিদের এক স্পষ্ট ব্যক্তিত্ব থাকে। এজন্য সংখ্যা 01-য়ের ব্যক্তিদের সংখ্যা 04-য়ের ব্যক্তিদের নিজের অধীনে নিয়ে আসার চেস্টা করা উচিত নয় এবং তাঁদের বিশিস্ট ব্যক্তিত্ব আর দৃষ্টিকোণ

বজায় থাকতে দেওয়া উচিত। যদি সংখ্যা 01-য়ের ব্যক্তি সংখ্যা 04-য়ের ব্যক্তির বিশিষ্ট স্বভাবের ব্যাপারটা মাথায় রেখে তাঁর সাথে ব্যবহার করেন... তাহলে সংখ্যা 04-য়ের ব্যক্তির থেকে তাঁর সহযোগ প্রাপ্ত হবে।

সফলতার প্রশ্নে আমি আগেই এমনটা জানিয়েছি যে, একাগ্রতা দ্বারা নিজের সংখ্যার শক্তি বৃদ্ধি করার সাথে এর সম্বন্ধ রয়েছে। এর দ্বারা সেটার প্রভাব বৃদ্ধি পায়। এই জিনিযটা সংখ্যা 04 আর সংখ্যা 08-য়ের ব্যক্তিরা ছাড়াও অন্যান্য সংখ্যার ব্যক্তিদের পক্ষেও সমান রূপে লাভদায়ক হয়।

গত অধ্যায়ে আমি এমনটা জানিয়েছি যে, সংখ্যা 04 আর 08-য়ের ব্যক্তিদের যতটা সম্ভব 04 আর 08-য়ের যোগ করতে থাকা তারিখ, যেমন – 04, 08, 13, 17, 22, 26 আর 31 তারিখে জন্ম গ্রহণ করা ব্যক্তিদের এড়িয়ে চলা উচিত। তাঁদের এমন বাড়ীতেও বসবাস করা উচিত নয়... যেগুলোর নম্বরের যোগফল 04 বা 08 তৈরী হয় আর তাঁদের এমন তারিখে কোন শুভ কাজ শুরু করাও উচিত নয়... যেসব তারিখের যোগফল 04 বা 08 হয়।

এর পরে সংখ্যা 04 আর সংখ্যা 08-য়ের সিরিজের সম্বন্ধে বিস্তারিত ভাবে বর্ণনা করা হয়েছে... কিন্তু সংক্ষেপে এই সব ব্যক্তিদের এই নিয়মের এই রূপে পালন করা উচিত যে, তাঁদের এই সব সংখ্যাগুলোর শক্তি বৃদ্ধি করা উচিত নয়। তাঁদের অন্য সংখ্যার ব্যক্তিদের জন্য নির্দিষ্ট নিয়মের অনুরূপও চলা উচিত নয়... বরং তাঁদের সেটার ঠিক উল্টোটাই করা উচিত।

এটা নিশ্চিত যে, তাঁরা নিজেদের জন্ম-তারিখের সংখ্যা বদলাতে পারবেন না... কিন্তু তাঁদের উত্তম প্রভাবের 01, 03, 05 বা 06 সংখ্যাগুলোর অনুরূপ নিজেদের নামে পরিবর্তন করা উচিত অর্থাৎ নামের অক্ষরগুলোর যোগফলের সংখ্যা এগুলোর থেকে কোন একটা সংখ্যা বানিয়ে নেওয়া উচিত। এই পরিবর্তনের পরে তাঁদের সেই নতুন সংখ্যাকেই নিজেদের সংখ্যা হিসেবে মেনে নেওয়া উচিত আর সেই সংখ্যার অনুরূপই কাজ করা উচিত। তাঁরা যদি এই প্রকার সেই সংখ্যার প্রয়োগ বার-বার করেন... তাহলে সংখ্যা 04 আর 08-য়ের ব্যক্তিরা দুর্ভাগ্য থেকে বাইরে বেরিয়ে আসবেন আর নিজেদের ভাগ্যবান সংখ্যার ব্যক্তি হিসেবে অনুভব করবেন... কিন্তু এই পরিবর্তনের জন্য তাঁদের কিছুটা সময় প্রতীক্ষা করতে হবে। তাঁদের উতলা ভাব পরিত্যাগ করতে হবে, ধৈর্য্য ধরতে হবে আর ধীরে-ধীরে তাঁদের শুভ পরিণাম প্রাপ্ত হতে লাগবে।

তাঁদের এমনটা মনে করা কখনোই উচিত নয় যে, ভাগ্য-সংখ্যার যোগফলে করা পরিবর্তন তৎক্ষনাত প্রভাবশালী হয়ে পড়বে। পরিবর্তনের প্রভাব শুরু হওয়ার জন্য তাঁদের কিছুদিন অপেক্ষা করতে হবে। বেশ কিছু অধীর লোকেরা সাহস হারিয়ে ফেলে অনর্থ করে ফেলেন। কিন্তু এক নির্দিষ্ট সময় পরে আশানুরূপ পরিণাম সামনে আসতে শুরু করে দেবে।

❑❑❑

27

সংখ্যা 04 এবং সংখ্যা 08-য়ের ব্যক্তিদের ব্যাপারে বিস্তৃত তথ্য

আমার কাছে সংখ্যা 04 আর সংখ্যা 08-য়ের ব্যক্তিদের থেকে অনেক চিঠি আসে... যেগুলোয় তাঁরা আমার থেকে পরামর্শ চেয়ে পাঠান। পাঠকদের কৌতূহল আর সমস্যা দেখে এখানে এই সম্বন্ধে এক পূর্ণ অধ্যায় সংযোজিত করা হচ্ছে।

100-র মধ্যে 80-টি চিঠিতে পাঠকেরা পুরোপুরি আমার দ্বারা জানানো সংখ্যা-বিজ্ঞানকে পরীক্ষা করে দেখেছেন আর তাঁরা এটাকে সঠিক হিসেবে পেয়েছেন... বিশেষ করে সংখ্যা 04 আর সংখ্যা 08-য়ের ব্যক্তিদের জীবনে বার-বার হতে চলা দুর্ভাগ্যপূর্ণ ঘটনার সম্বন্ধে তাঁরা আমার পদ্ধতিকে সঠিক দেখতে পেয়েছেন।

সংখ্যা 04 আর সেটার সিরিজের সকল সংখ্যাকে ভয় পাওয়ার কোন কারণ নেই। 04, 13, 22 আর 31 তারিখে জন্ম গ্রহণ করা ব্যক্তিদের জন্য এই দিনটা তাঁদের জীবনের প্রসঙ্গে অত্যন্ত গুরুত্বপূর্ণ হয়। কিন্তু সংখ্যা-বিদ্যায় সংখ্যা 04 সংখ্যা 01-য়ের সাথে সম্বদ্ধ হয়ে থাকে আর এই পদ্ধতিতে প্রায়ই 04 - 01 অথবা 01 - 04 লেখা হয়ে থাকে... কারণ সংখ্যা 01-কে ভাগ্যশালী সংখ্যা হিসেবে মানা হয়ে থাকে। এজন্য সংখ্যা 04-র ব্যক্তিদের প্রতি আমার পরামর্শ হচ্ছে এই যে, তাঁরা এই শক্তিশালী সংখ্যার যত বেশী সম্ভব প্রয়োগ করুন। সেই সব সংখ্যা বা তারিখ হচ্ছে – 01, 10, 19 আর 28 এবং এই সব সংখ্যাই তাঁদের পক্ষে অত্যন্ত গুরুত্বপূর্ণ হয়। সংখ্যা 04-য়ের ব্যক্তিদের সেই সব বাড়ীতেই বসবাস করা উচিত... যেগুলোর নম্বরের যোগফল 01 তৈরী হয়। তাঁদের এটাও মনে রাখা উচিত যে, 01 - 04-য়ের পারস্পরিক অদল-বদল 02 - 07 বা সেটার সংখ্যা-সিরিজ হতে পারে। এজন্য তাঁদের 02, 07, 11, 16, 20, 25 আর 29 তারিখকে ভয় পাওয়া উচিত নয়।

এটা তো কেবল সেই সময় বিচারণীয় হয়... যখন ব্যক্তি কোন মাসের 04 বা 08 তারিখে জন্ম নেন এবং যাঁদের জীবনে এই সব সংখ্যা ঘটনাক্রমে বার-বার আসে। এমন অবস্থায় তাঁদের এর থেকে দূরে থাকা উচিত।

উদাহরণ হিসেবে – কোন ব্যক্তি 04, 13, 22 অথবা 31 তারিখের মধ্যে কোন একটা তারিখে জন্ম গ্রহণ করেছেন আর তিনি এমন এক মহিলাকে বিবাহ করলেন... যিনি 08, 17 বা 26 তারিখে জন্ম গ্রহণ করেছেন। এমন অবস্থায় সেই ব্যক্তি নিশ্চিত রূপে এটা জেনে যাবেন যে, সংখ্যা 04 আর সংখ্যা 08 এবং সেগুলোর সিরিজের অন্যান্য সংখ্যা তাঁর জীবনকে গভীর ভাবে প্রভাবিত করে আর এই কারণেই অধিকাংশ দুর্ঘটনা ঘটে এবং তিনি সারাটা জীবন দুর্ভাগ্য বয়ে চলেন। সুতরাং সংখ্যা 04-য়ের ব্যক্তিদের সংখ্যা 04 আর সংখ্যা 08 অথবা এই দুই সংখার সিরিজের অন্যান্য সংখ্যাগুলোর প্রয়োগ করা উচিত বা 02 - 07 সিরিজের সংখ্যাগুলোর প্রয়োগ করা উচিত।

সম্ভবতঃ কোন আকর্ষণ বা চুম্বকীয় প্রভাবের কারণে সংখ্যা 04 আর 08-য়ের

ব্যক্তিরা একে-অপরের প্রতি আকৃষ্ট হন... কিন্তু সাংসারিক দৃষ্টিকোণ থেকে এনাদের সম্মিলনকে ভাগ্যশালী মানা হয় না। এমন ব্যক্তিরা অসুস্হতা আর খারাপ সময়ে একে-অপরের প্রতি অত্যন্ত সমর্পিত হয়ে থাকেন। এমন কিছু উদাহরণও আছে যে, যখন সংখ্যা 04 আর সংখ্যা 08-য়ের ব্যক্তিরা হয় পরস্পরের সাথে বিবাহ করে নেন বা অন্য কোন প্রকারে এক সাথে থাকেন... তখন ওনারা একে-অপরের জন্য নিজেদের জীবনের বলিদান পর্যন্ত দিয়ে দেন।

সংখ্যা 08-য়ের ব্যক্তিরা দৈবযোগে অভাগাই বেশী হন আর তাঁদেরকে অন্য ব্যক্তিদের তুলনায় 'ভাগ্যের হাতের খেলনা' বেশী মনে করা হয়।

এমন ব্যক্তি অন্যান্য ব্যক্তিদের তুলনায় ভালো চরিত্র আর সমর্পিত ভাবনার হন... কিন্তু তাঁদের জীবনে কখনো সেই প্রতিফল প্রাপ্ত হয় না... যেটার তাঁরা অধিকারী হন। যদি তাঁরা কোন উচ্চ পদে পৌঁছনোর সুযোগও পান... তখনও তাঁদের ওপরে ভারী দায়িত্ব চাপিয়ে দেওয়া হয়... যার কারণে তাঁরা সর্বদাই চিন্তিত হয়ে থাকেন। এমন ব্যক্তিরা ধনী তো হতে পারেন... কিন্তু ধন-দৌলত দ্বারা তাঁদের খুশী প্রাপ্ত হয় না। এনাদের নিজেদের প্রেমের জন্য ভারী মূল্য চোকাতে হয়... বলিদান দিতে হয়।

এমন ব্যক্তিদের জন্য আমার মতামত হচ্ছে এই যে, যদি তাঁদের জীবনে সংখ্যা 04 আর সংখ্যা 08 বার-বার কষ্ট, নিরাশা এবং দুর্ভাগ্যের কারণ হয়ে ওঠে... তাহলে তাঁদের দৃঢ় নিশ্চয়তাপূর্বক এই সব সংখ্যা আর সেগুলোর সিরিজের সংখ্যাগুলো এড়িয়ে চলা উচিত। গত অধ্যায়ে দেওয়া উদাহরণের অনুরূপ তাঁদের নিজেদের নামের সংখ্যাগুলোয় পরিবর্তন করে নেওয়া উচিত। এই পরিবর্তন এমন হওয়া উচিত যে, সেগুলোর যোগফল যেন সংখ্যা 01, 03, 05 বা 06 হয়। তারপর তাঁদের নিজেদের সব কাজ সেই সব নতুন সংখ্যা অনুসারেই করা উচিত। তাঁরা যদি এমনটা করেন... তাহলে নিশ্চিত রূপে তাঁরা দুর্ভাগ্যের হাত থেকে রক্ষা পাবেন আর এই প্রকারে তাঁদের জীবনে সৌভাগ্য আসবে।

কিন্তু যদি তাঁরা সাংসারিক পরিণামের চিন্তা না করে সংখ্যা 08-য়ের পুরো শক্তির অনুরূপই কাজ করা পছন্দ করেন... তাহলে তাঁদের নিজেদের সব কাজ সেই সব তারিখগুলোয় করা উচিত... যেগুলোর যোগফল 08 বা 04 তৈরী হয়, যেমন – 08, 17, 26 বা 04, 13, 22 এবং 31 ইত্যাদি।

তাঁরা যদি দৃঢ় নিশ্চয়তাপূর্বক এই নিয়ম অনুসরণ করে চলেন... তাহলে তাঁদের অবশ্যই সফলতা প্রাপ্ত হবে। কিন্তু তাঁদের সেই জীবন দৈবের ভরসায় থাকবে। এমন ব্যক্তি নিজের জীবনের জন্য যে পথ ইচ্ছে বেছে নিতে পারেন।

চিঠির মাধ্যমে অনেক ব্যক্তি এটা জানতে চেয়েছেন যে, নিজেদের দুর্ভাগ্যপূর্ণ বা বিপরীত প্রভাবসম্পন্ন সংখ্যাকে তাঁরা কি ভাবে সৌভাগ্যপূর্ণ সংখ্যায় পরিবর্তন করবেন ? এমন প্রশ্ন প্রায়ই সংখ্যা 04 আর 08 অথবা এগুলোর সিরিজের অন্যান্য সংখ্যার ব্যক্তিরাই বেশী করে করেন। তাঁরা এমনটা ধরে নেন যে, এই সব সংখ্যা দুর্ভাগ্যপূর্ণ... কারণ আমার বক্তব্য অনুসারে তাঁদের জীবনে দুর্ঘটনা ঘটতে থাকে। এমন পরিস্হিতিতে 04, 13, 22 আর 31 তারিখে জন্ম গ্রহণ করা ব্যক্তিদের 08, 17, 26 ইত্যাদি তারিখগুলোয় নিজেদের গুরুত্বপূর্ণ কাজ করা উচিত নয়। তাঁদের নিজেদের জন্ম মাসের রাশিফলের অনুরূপ সংখ্যা অনুসারে কাজ করা উচিত বা

তাঁদের সেই সব সংখ্যার সিরিজের তারিখগুলো গ্রহণ করা উচিত। উদাহরণ হিসেবে, যদি কোন ব্যক্তির জন্ম 19 ফেব্রুয়ারী থেকে 20 মার্চের মধ্যে হয়... তাহলে এই সময়ের সংখ্যা হচ্ছে 03 ! যদি কোন ব্যক্তির জন্ম 22 বা 26 ফেব্রুয়ারী অথবা 04, 13, 17 অথবা 22 মার্চ হয়ে থাকে... তাহলে তাঁর পক্ষে সংখ্যা 04 বা 08-য়ের বদলে সংখ্যা 03 বেশী ভাগ্যশালী প্রমাণিত হবে। এমন ব্যক্তিদের নিজেদের জন্ম-সংখ্যা পরিত্যাগ করে দেওয়া উচিত।

এই একই নিয়ম 21 ডিসেম্বর থেকে 20 জানুয়ারীর মধ্যে জন্ম গ্রহণ করা ব্যক্তিদের বাদ দিয়ে বাকী সব ব্যক্তিদের ওপরেও প্রযোজ্য হয়। 21 ডিসেম্বর থেকে 20 জানুয়ারীর মাঝের সময় সংখ্যা 08-য়ের ব্যক্তিদের পক্ষে অনুকূল হয়... যখন কি 21 জানুয়ারী থেকে 19 ফেব্রুয়ারীর মাঝের সময় সংখ্যা 08-য়ের ব্যক্তিদের পক্ষে প্রতিকূল হয়। এই দুটি সময়ে জন্ম গ্রহণ করা সংখ্যা 04 আর 08-য়ের ব্যক্তিদের নিজেদের মাসের সময়ের সংখ্যা বাছা উচিত নয়... কারণ তাঁরা এমনটা করলে সেটার অভিপ্রায় সংখ্যা 04 আর 08-য়ের শক্তি বা প্রভাব বৃদ্ধি করা হবে অর্থাৎ এগুলোর প্রভাব বাড়বে। এমন ব্যক্তিদের প্রতি আমার পরামর্শ হচ্ছে এই যে, তাঁরা নিজেদের রাশিকালের বিরোধী মাস গ্রহণ করুন। যেমন – 21 ডিসেম্বর থেকে 20 জানুয়ারীর মধ্যে জন্ম গ্রহণ করা ব্যক্তিদের বিরোধী সময় হচ্ছে 21 জুন থেকে 20 জুলাই। আমি এর ব্যাপারে আগেই জানিয়েছি আর এই সময় হচ্ছে 02 - 07-য়ের সময়। 21 জানুয়ারী থেকে 19 ফেব্রুয়ারী পর্যন্ত সময়ে জন্ম গ্রহণ করা ব্যক্তিদের রাশিচক্রের বিরোধী সময় হচ্ছে 31 জুলাই থেকে 20 আগস্ট আর এর সংখ্যা হচ্ছে 01 - 04! এই নিয়মের পালন করলে যদি সংখ্যা 04 আর 08-য়ের ব্যক্তিরা অন্য কোন সংখ্যা বেছে নিয়ে কাজে লাগান... তাহলে তাঁরা অল্প সময়ের মধ্যেই এমনটা দেখতে পাবেন যে, তাঁদের জীবন কতটা সৌভাগ্যশালী হয়ে উঠছে।

তাঁদের রং আর রত্নের দৃষ্টিতেও সংখ্যা 04 আর 08-য়ের রং আর রত্নের পরিত্যাগ করা উচিত এবং নতুন করে গ্রহণ করা সংখ্যার অনুরূপই রং আর রত্নের উপযোগ করা উচিত।

আমি এমনটা মনে করি যে, এর দ্বারা এই গুরুত্বপূর্ণ সমস্যার সমাধান হয়ে পড়বে।

সংখ্যা 02-য়ের অনেক ব্যক্তি, যেমন – 02, 11, 20 আর 29 তারিখে জন্ম গ্রহণ করা ব্যক্তিরা এমনটা লিখেছেন যে, তাঁদের জীবনে সংখ্যা 08 নিজের গুরুত্ব প্রদর্শন করছে বলে মনে হচ্ছে। এর কারণ হচ্ছে এটা যে, সংখ্যা 08 নিজের দুর্ভাগ্যপূর্ণ ঝোঁক-সমেত অত্যন্ত শক্তিশালী সংখ্যা হয়। এজন্য সেটা দুর্বল সংখ্যা 02-কে চেপে রাখার চেস্টা করে (যার সাথে তার সম্বন্ধও রয়েছে)... কারণ 02-কে 04 দিয়ে গুণ করলে 08 আসে। এজন্য সংখ্যা 02-য়ের ব্যক্তিদের জীবনে কখনোই সংখ্যা 08-য়ের ব্যক্তিদের সাথে মিল হয় না। আর মিল হলেও দুর্ভাগ্য, চিন্তা, নিরাশা আর জীবনে দুর্ঘটনাপূর্ণ অভিজ্ঞতাকে সতর্কবার্তা হিসেবেই মনে করা উচিত।

সংখ্যা 04-য়ের ব্যক্তিদের সংখ্যা 02-য়ের ব্যক্তিদের ওপরে ভালোমতন প্রভাব দেখতে পাওয়া যায়। এর কারণ এটা হয় যে, সংখ্যা 04 সংখ্যা 02-য়ের দ্বিগুণ হয়... কিন্তু এই দুটো সংখ্যা পারস্পরিক অদল-বদলের সংখ্যা হয়, যেমন – 01 - 04-য়ের বদল সংখ্যা হচ্ছে 02 - 07 !

❑❑❑

28 রং আর সংখ্যার পারস্পরিকতা এবং সঙ্গীত আর সংখ্যার সম্বন্ধ

যেসব ব্যক্তিদের জন্ম মাসের 01, 10, 19 আর 28 তারিখে হয়েছে আর যাঁদের জন্ম-সংখ্যাগুলোর যোগফল 01 হয়... তাঁদের যতটা সম্ভব হাল্কা বা গাঢ় ধূসর, হলুদ এবং সোনালী রং-য়ের পোশাক পরা উচিত। কম পক্ষে এই সব রং-য়ের কাপড় নিজেদের শরীরের ওপরে অবশ্যই ধারণ করা উচিত। তাঁদের নিজেদের বেডরুমের জন্যও এই সব রং-য়ের বেডশীট আর জানলা-দরজার পর্দা বেছে নেওয়া উচিত।

এই প্রকারে এই সব রং-য়ের সাথে সম্বন্ধিত এই নিয়ম অনুসরণ করে চললে তাঁদের চমৎকারী প্রভাব অবশ্যই অনুভূত হবে, তাঁদের মানসিক চাপ দূর হয়ে পড়বে এবং এই সব রং-য়ের বেডশীট আর পর্দাযুক্ত বেডরুমে তাঁদের ভালো ঘুমও আসবে।

সংখ্যা 02-য়ের ব্যক্তি, যাঁদের জন্ম মাসের 02, 11, 20 বা 29 তারিখে হয়েছে... তাঁদের গাঢ় সবুজ রং থেকে শুরু করে সকল প্রকারের সবুজ রং-য়ের পোশাক পরা উচিত। এছাড়াও তাঁদের ক্রীম আর সাদা রং-য়ের পোশাকও পরা উচিত।

তাঁদের কালো, বেগুনী আর গাঢ় রং-য়ের পোশাক বিশেষ রূপে এড়িয়ে চলা উচিত।

সংখ্যা 03-য়ের ব্যক্তি, যাঁরা মাসের 03, 12, 21 বা 30 তারিখে জন্ম গ্রহণ করেছেন... তাঁদের হাল্কা বেগুনী, বেগুনী, হাল্কা হলুদ বা বেগুনী শেডের নীলার রং-য়ের পোশাক পরা উচিত। পুরুষেরা এমন রং-য়ের পোশাক পরতে পারেন না... কারণ এগুলো হচ্ছে মহিলাদের রং – এজন্য পুরুষদের এই সব রং-য়ের টাই বা রুমালের প্রয়োগ করা উচিত।

সংখ্যা 04-য়ের ব্যক্তি, যাঁরা মাসের 04, 13, 22 বা 31 তারিখে জন্ম গ্রহণ করেছেন... তাঁদের চমকালো নীল রং-য়ের পোশাক পরা উচিত। এই রং-য়ের কম গাঢ় রং-য়ের পোশাকও প্রয়োগ করা যেতে পারে। এনাদের সকল প্রকারের গাঢ়, শক্তিশালী অথবা ইতিবাচক রং এড়িয়ে চলা উচিত।

সংখ্যা 05-য়ের ব্যক্তি, যাঁরা মাসের 05, 14 বা 23 তারিখে জন্ম গ্রহণ করেছেন... তাঁদের বিশেষ রূপে সকল প্রকারের হাল্কা ধূসর, সাদা আর চমকালো রং-য়ের পোশাক পরা উচিত। এনাদের যতটা সম্ভব খুব বেশী গাঢ় রং এড়িয়ে চলা উচিত।

সংখ্যা 06-য়ের ব্যক্তি, যাঁদের জন্ম মাসের 06, 15 বা 24 তারিখে হয়েছে... তাঁদের হাল্কা থেকে শুরু করে গাঢ় নীল রং-য়ের সকল প্রকারের পোশাক... যার মধ্যে নেভী ব্লু রং-ও আসে, পরা উচিত। কিন্তু ইলেক্ট্রিক নীল রং এড়িয়ে চলা উচিত। তাঁদের জন্ম যদি 21 মার্চ থেকে 24 এপ্রিল এবং 21 অক্টোবর থেকে 24 নভেম্বরের মধ্যে হয়ে থাকে... তাহলে তাঁরা গোলাপী রং-য়ের পোশাক পরতে পারেন... কিন্তু তাঁদের লাল আর স্কারলেট লাল রং-য়ের পোশাক এড়িয়ে চলা উচিত।

সংখ্যা 07-য়ের ব্যক্তি, যাঁদের জন্ম মাসের 07, 16 বা 25 তারিখে হয়েছে... তাঁরা সংখ্যা 02-য়ের ব্যক্তিদের মত হাল্কা হলুদের ছোঁওয়া যুক্ত সবুজ, সাদা, হলুদ আর সোনালী রং-য়ের পোশাক পরতে পারেন। হাল্কা হলুদ ভাবযুক্ত পেস্টাল লাল রং-য়ের পোশাক এমন ব্যক্তিদের পক্ষে সব থেকে ভালো হয়।

সংখ্যা 08 অর্থাৎ মাসের 08, 17 বা 26 তারিখে জন্ম গ্রহণ করা ব্যক্তিদের সকল প্রকারের গাঢ় ধূসর, গাঢ় নীল, বেগুনী আর কালো রং-য়ের পোশাক পরা উচিত। হাল্কা বা চোখে লাগা রং এনাদের এড়িয়ে চলা উচিত।

সংখ্যা 09-য়ের ব্যক্তি এবং মাসের 09, 18 বা 27 তারিখে জন্ম গ্রহণ করা ব্যক্তিদের লাল, গোলাপী আর বেগুনী রং-য়ের পোশাক পরা উচিত। বেশী গাঢ় রং-য়ের পোশাক এনাদের পক্ষে ভালো হয়।

লাল রং যুদ্ধ করতে থাকা সেপাইদের রং হয়, এনার্জীর রং হয়। এর দ্বারা অস্হিরতা, উতলা ভাব প্রকট হয়। এই রং অরাজকতা, অব্যবস্হা আর ক্রান্তির রং হয়। লাল পতাকার উদ্‌ভব এর থেকেই হয়েছে।

সংখ্যা 09-য়ের ব্যক্তিদের থেকে যে চুম্বকীয় প্রভাবের কিরণ বার হতে থাকে... সেটা থেকে সংখ্যা 01, 03, 05 আর 06-য়ের ব্যক্তিদের বাদ দিয়ে বাকী সব সংখ্যার ব্যক্তিরা ঘাবড়ানি ভাব অনুভব করেন। সংখ্যা 01, 03, 05 আর 06-য়ের ব্যক্তিদের বাদ দিয়ে বাকী সকল সংখ্যার ব্যক্তিরা সংখ্যা 09-র ব্যক্তিদের সামনে নিজেদের অস্হির অনুভব করেন।

সংখ্যা আর সঙ্গীতের মধ্যেও এক নির্দিষ্ট সম্বন্ধ রয়েছে। সংখ্যা 01, 03 আর 09-য়ের ব্যক্তিদের সংঘর্ষশীল, প্রেরণাত্মক আর উৎসাহে পরিপূর্ণ সঙ্গীত ভালো লাগে। সংখ্যা 02 আর 07-য়ের ব্যক্তিদের তার আর ফুঁ দিয়ে বাজানো বাদ্যযন্ত্র, যেমন – ভায়োলিন, সেলো, হার্প আর পাইপ ইত্যাদির সঙ্গীত ভালো লাগে। সংখ্যা 06-য়ের ব্যক্তিদের রোমান্টিক আর মধুর সঙ্গীত পছন্দ হয় এবং সংখ্যা 05-য়ের ব্যক্তিরা নতুন ঢং-য়ের সঙ্গীত পছন্দ করেন। সংখ্যা 04 আর 08-য়ের ব্যক্তিদের যদি সঙ্গীতের প্রতি আগ্রহ থাকে... তাহলে তাঁরা অর্গানের প্রতি আকর্ষিত হন এবং সঙ্গীত-মণ্ডলী বা কোরাস গ্রুপের প্রমুখ হতে চান। কিন্তু এনাদের যে সঙ্গীত পছন্দ হয়... তাতে দুঃখ, উন্মাদনা, ধার্মিক ভাবনা বা দুর্ভাগ্যের ভাবনা নিহিত থাকে।

এখানে বিশ্বের কিছু দেশের তাদের গ্রহ আর সংখ্যার অনুরূপ উদাহরণ দেওয়া হচ্ছে... যেগুলো দ্বারা এটা জানতে পারা যায় যে, সেখানে কেমন সঙ্গীত পছন্দ করা হয় ?

ইংল্যাণ্ড আর জার্মানীর গ্রহস্বামী হচ্ছে মঙ্গল অর্থাৎ সংখ্যা 09 ! সুতরাং সেখানকার লোকেদের সংঘর্ষশীল, উত্তেজক আর উৎসাহে পরিপূর্ণ সঙ্গীত পছন্দ হয়।

আয়ারল্যাণ্ডের গ্রহস্বামী হচ্ছে শুক্র অর্থাৎ সংখ্যা 06 ! এজন্য সেখানকার লোকেদের রোমান্টিক আর মধুর সঙ্গীত ভালো লাগে।

স্কটল্যাণ্ড চন্দ্র অর্থাৎ সংখ্যা 02 দ্বারা প্রভাবিত। এজন্য সেখানে তার আর ফুঁ দিয়ে বাজানো বাদ্যযন্ত্রের সঙ্গীতকে বেশী করে পছন্দ করা হয়।

ওয়েলসের গ্রহস্বামী হচ্ছে য়ুরেনাস বা বরুণ... যার সংখ্যা হচ্ছে 04 এবং বুধ... যার সংখ্যা হচ্ছে 05 ! এজন্য সেখানে ধার্মিক, উন্মাদনা যুক্ত, কোরাস এবং অর্কেস্ট্রা সঙ্গীত পছন্দ করা হয়।

আমেরিকার গ্রহস্বামী হচ্ছে বুধ অর্থাৎ সংখ্যা 05 ! এজন্য সেখানে নিজস্ব সংখ্যার অনুরূপ সকল প্রকারের সঙ্গীত পছন্দ করা হয়... কিন্তু বেশীর ভাগ ক্ষেত্রে সেখানে গতানুগতিক সঙ্গীতের তুলনায় মৌলিক সঙ্গীত বেশী করে পছন্দ করা হয়। এই কারণেই আমেরিকাকে 'সঙ্গীতের জন্মস্থল' বলা হয়ে থাকে। জাজ সঙ্গীতের জন্ম আমেরিকাতেই হয়েছিল !

❑❑❑

29

সংখ্যা আর রোগ এবং ঔষধি চিকিৎসার গ্রহীয় সার্থকতা

আমি নিজের অনেক লেখায় ব্যক্তিদের জন্মের সংখার সাথে সম্বন্ধিত রোগের ব্যাপারেও লিখেছি। তারপর অনেক ব্যক্তি নিজেদের চিঠিতে আমার এই পদ্ধতিকে সঠিক হিসেবে মেনেছেন আর বিভিন্ন রোগ দূর করার জন্য তন্ত্রের উপায়গুলোর সম্বন্ধে আমার কাছে তথ্য জানতে চেয়েছেন। এই অধ্যায়ে আমি বিভিন্ন সংখ্যার ব্যক্তিদের জন্য সঙ্গত ঔষধির উল্লেখ করছি।

জীবনে সফলতা প্রাপ্ত করার জন্য ব্যক্তির সু-স্বাস্থ্যের অধিকারী হওয়াটা অত্যন্ত আবশ্যক হয়। আমার দৃঢ় বিশ্বাস যে, আমার এই পরামর্শ দ্বারা পাঠকদের অবশ্যই লাভ হবে।

তন্ত্র-বিদ্যার যেসব অনুসন্ধানকারী মনুষ্যের ভাগ্যের ওপরে সংখ্যার প্রভাবের অধ্যয়ণ করেছিলেন... তাঁরা এই ব্যাপারেও খোঁজ-খবর করেছেন যে, কোন্ চারাগাছ, ফল আর ঔষধি কোন্ গ্রহের অনুকূল হয়! সেই অনুরূপ ওনারা এই পদ্ধতি বার করেছিলেন যে, কোন্ জন্ম-সংখ্যার ব্যক্তির রোগ আর কস্ট কোন্ ঔষধি বা ফল দ্বারা দূর হয়।

এই সব তথ্য আমি তন্ত্র-সম্বন্ধীয় প্রাচীন সূত্র আর সেই সব ব্যক্তিদের থেকে প্রাপ্ত করেছি... যাঁরা নিজেদের সম্পূর্ণ আয়ু এই বিষয়ের অনুসন্ধানে লাগিয়ে দিয়েছেন। এই সম্বন্ধে আমি নিজের সারা জীবনের সঞ্চিত জ্ঞানও এই বিশ্বাসের সাথে এর সাথে সম্বদ্ধ করে দিয়েছি যে, প্রকৃতির অধ্যয়ণ দ্বারাই সেটার রহস্যের ব্যাপারে জানতে পারা যায়।

সংখ্যা 01-য়ের ব্যক্তি অর্থাৎ মাসের 01, 10, 19 আর 28 তারিখে জন্ম গ্রহণ করা ব্যক্তি কোন-না-কোন রূপে হৃদয়ের সাথে সম্বন্ধিত রোগে পীড়িত হন। তাঁদের হৃদয়ের স্পন্দন আর রক্ত প্রবাহ অ-নিয়মিত হয়ে পড়ে। বেশী বয়সে তাঁদের রক্তচাপ বেড়ে ওঠে। এমন ব্যক্তিদের চোখ অথবা দৃস্টি-বৈষম্যের কস্টও হতে পারে। সুতরাং এমন ব্যক্তিদের সময়ে-সময়ে নিজেদের চোখের পরীক্ষা করাতে থাকা উচিত।

সংখ্যা 01 অথবা মাসের 01, 10, 19 বা 28 তারিখে জন্ম গ্রহণ করা ব্যক্তিদের পক্ষে যেসব ফল আর শেকড়-বাকড় উপযোগী হয়, সেগুলো হচেছ ঃ কিশমিশ, বেবুনের ফুল, কেশর, লবঙ্গ, জায়ফল, পত্থরচুর, কমলা লেবু, লেবু, খেজুর, আদা, শুকনো আদা, যবের আটার রুটী আর যবের জল ইত্যাদি। সংখ্যা 01-য়ের ব্যক্তিদের বেশী মাত্রায় মধুর প্রয়োগ করা উচিত।

সংখ্যা 01-য়ের ব্যক্তিদের নিজেদের জীবনের 19, 28, 37 আর 55-তম বছরে সাবধান থাকা উচিত। এই সময়ে তাঁদের স্বাস্থ্যে কোন-না-কোন রূপে গুরুত্বপূর্ণ পরিবর্তন হবেই।

এনাদের জানুয়ারী, অক্টোবর আর ডিসেম্বর মাসে নিজেদের স্বাস্থ্য-রক্ষার ওপরে বিশেষ দৃষ্টি দেওয়া আবশ্যক হয়।

সংখ্যা 02 অথবা মাসের 02, 11, 20 বা 29 তারিখে জন্ম গ্রহণ করা ব্যক্তিদের পক্ষে স্যালাড, কপি, কুমড়ো, শশা, কাঁকড়ি, ফুটি, চিকোরী বা কাসনী, করমের শাক, কলা এবং ভিসার ভস্ম ইত্যাদি শাক-সব্জী আর শেকড়-বাকড় উপযোগী হয়।

এমন লোকেদের জীবনের 20, 25, 29, 43, 47, 52 আর 65-তম বছরে তাঁদের স্বাস্থ্যে গুরুত্বপূর্ণ পরিবর্তন আসে। এনাদের জানুয়ারী, ফেব্রুয়ারী আর জুলাই মাসে নিজেদের স্বাস্থ্যের প্রতি বিশেষ দৃষ্টি দেওয়া আবশ্যক।

সংখ্যা 03 অথবা মাসের 03, 12, 21 বা 30 তারিখে জন্ম গ্রহণ করা ব্যক্তিদের মধ্যে এমন ইচ্ছা থাকে যে, তাঁরা যে কাজ করছেন... সেটা যেন কোন ভাবে অপূর্ণ থেকে না যায়। এজন্য অত্যধিক কাজ করার কারণে তাঁদের স্নায়ু-তন্ত্রের ওপরে বেশী জোর পড়ে।

এজন্য এনাদের তন্ত্রিকায় ফোলা ভাব, সিয়াটিকার যন্ত্রণা আর অনেক প্রকারের ত্বকের রোগ হয়।

এমন লোকেদের জন্য শাক-সব্জীর দৃষ্টিতে বীট, পত্থরচুর, বিলব্যারী, শতাবর, চেরী, স্ট্রবেরী, আপেল, শহতুত, নাশপাতি, জৈতুন, রেব্দচিনি, বেদানা, আনারস, আঙ্গুর, পুদিনা, কেশর, জায়ফল, লবঙ্গ, বাদাম, অঞ্জীর আর পাহাড়ী বাদাম ইত্যাদি ফল, সব্জী আর শেকড়-বাকড় উপযোগী হয়।

এনাদের ফেব্রুয়ারী, জুন, সেপ্টেম্বর আর ডিসেম্বর মাসে নিজেদের স্বাস্থ্যের প্রতি বিশেষ দৃষ্টি রাখা উচিত। এনাদের জীবনের 12, 21, 39, 48 আর 57-তম বছরে স্বাস্থ্যে গুরুত্বপূর্ণ পরিবর্তন হওয়ার যোগ থাকে।

সংখ্যা 04 অথবা মাসের 04, 13, 22 বা 31 তারিখে জন্ম গ্রহণ করা ব্যক্তিদের কিছু রহস্যপূর্ণ রোগ হওয়ার আশংকা থাকে... যেগুলো খুব সহজে ধরা পড়ে না। এনাদের পাগলামী, মানসিক অসুস্থতা, রক্তাল্পতা, মাথা, কোমর, মূত্রস্থান আর কিড্‌নীতে যন্ত্রণা হতে পারে।

এই সংখ্যার ব্যক্তিদের জন্য পালং শাক, সেজ, পাইলচার্ট, শীতকালে সবুজ শাক-সব্জী, লৌকাট, আইল্যাণ্ডমাস আর সোলোমন সীল ইত্যাদি জিনিষ উপযোগী হয়। সংখ্যা 04-য়ের ব্যক্তিদের ইলেক্ট্রিক শক্ ট্রীটমেন্টে ভালো লাভ প্রাপ্ত হয়। এনাদের মানসিক পরামর্শ আর সম্মোহন দ্বারাও লাভ হয়... কিন্তু এনাদের মাদক পদার্থ, মশলাদার ভোজন আর রেড মীট বর্জন করা উচিত।

এনাদের ফেব্রুয়ারী, জুলাই, আগস্ট আর সেপ্টেম্বর মাসে স্বাস্থ্যের প্রতি বিশেষ দৃষ্টি দেওয়া আবশ্যক হয়।

স্বাস্থ্যের দৃষ্টিতে এনাদের জন্য জীবনের 13, 22, 31, 40, 49 আর 58-তম বছর গুরুত্বপূর্ণ হয়।

সংখ্যা 05 অথবা মাসের 05, 14 বা 23 তারিখে জন্ম গ্রহণ করা ব্যক্তিরা অত্যধিক মানসিক চাপের মধ্যে জীবন কাটান। এনারা মানসিক আর স্নায়বিক চাপের মধ্যে জীবন কাটাতে অভ্যস্ত হয়ে ওঠেন। এনাদের চোখ, মুখ আর হাত বেঁকা হয়ে পড়ার ভয় থাকে। এনাদের স্নায়ুর ওপরে সর্বদাই চাপ বজায় থাকে। এনারা অনিদ্রা অথবা অধরঙ্গ ইত্যাদি রোগের শিকার হতে পারেন। এনাদের জন্য ভালো করে ঘুমোন, বিশ্রাম করা আর শান্ত থাকা সব থেকে ভালো ঔষধি হয়।

সংখ্যা 05-য়ের ব্যক্তিদের জুন, সেপ্টেম্বর আর ডিসেম্বর মাসে নিজেদের স্বাস্থ্যের প্রতি বিশেষ দৃষ্টি দেওয়া আবশ্যক হয়। স্বাস্থ্যের দৃষ্টিতে এনাদের জীবনের 14, 41 আর 50-তম বছর গুরুত্বপূর্ণ প্রমাণিত হয়।

সংখ্যা 06 অথবা মাসের 06, 15 বা 24 তারিখে জন্ম গ্রহণ করা ব্যক্তিদের গলা আর নাকের রোগ ছাড়াও ফুসফুসের ওপরের অংশের রোগ হওয়ার সম্ভাবনা থাকে। এমনিতে এনারা সুস্থ আর পুষ্ট হন। যদি এমন ব্যক্তিরা গ্রামে থাকেন... তাহলে এনাদের সেখানে পর্যাপ্ত মাত্রায় শুদ্ধ বায়ুর প্রাপ্তি হয় আর তাঁদের ব্যায়ামও হয়ে পড়ে। সংখ্যা 06-য়ের মহিলাদের বুকের কষ্ট হতে থাকে আর সন্তানের জন্ম দেওয়ার পরে স্তনজ্বর (মিল্ক ফীভার) হওয়ার আশংকাও থাকে। বেশী বয়সে এনাদের প্রায়ই হৃদ্‌রোগ হয়ে পড়ে আর রক্তপ্রবাহও স্বাভাবিক থাকে না।

সংখ্যা 06 অথবা মাসের 06, 15 বা 25 তারিখে জন্ম গ্রহণ করা ব্যক্তিদের জন্য সকল প্রকারের ডাঁটা, বীট, পালং শাক, ফুটি, বেদানা, আপেল, নাশপাতি, খুবানী, অঞ্জীর, আখরোট, বাদাম, মেডন্স, ভুট্টার রস, ড্যাফোডিল, কস্তুরী, বনফশা, গন্ধবেন আর গোলাপের পাতা ইত্যাদি ফল আর শেকড়-বাকড় উপযোগী হয়।

এমন ব্যক্তিদের মে, অক্টোবর আর নভেম্বর মাসে নিজেদের স্বাস্থ্যের প্রতি বিশেষ দৃষ্টি দেওয়া জরুরী হয়।

এনাদের জীবনের 15, 24, 42, 51 আর 60-তম বছর স্বাস্থ্যের দৃষ্টিতে গুরুত্বপূর্ণ প্রমাণিত হয়।

সংখ্যা 07 অথবা মাসের 07, 16 বা 25 তারিখে জন্ম গ্রহণ করা ব্যক্তিরা অন্যান্য সংখ্যার ব্যক্তিদের তুলনায় অধিক চিন্তিত হয়ে থাকেন। এনারা যতক্ষন পর্যন্ত ঠিক থাকেন, ততক্ষন এনারা যত খুশী কাজ করে চলেন... কিন্তু এনারা যখন পরিস্থিতির কারণে চিন্তিত হয়ে ওঠেন, তখন এনারা এমন চিন্তা করতে লাগেন যে, সব কিছু ভুল হচ্ছে আর এনারা নিরাশ হয়ে ওঠেন।

সংখ্যা 07-য়ের ব্যক্তিরা নিজেদের আশপাশের পরিবেশের প্রতি অত্যন্ত সংবেদনশীল হয়ে থাকেন। সঠিক মূল্যাংকন করা হলে তাঁরা যে কোন দায়িত্ব গ্রহণ করার জন্য প্রস্তুত হয়ে থাকেন। এনাদের ওপরে যে কাজের

দায়িত্ব দেওয়া হয়... এনারা সেটার প্রতি অত্যন্ত সজাগ থাকেন। কিন্তু যেহেতু এনারা শারীরিক রূপের তুলনায় মানসিক রূপে বেশী শক্তিশালী হন... এজন্য এনাদের শরীর রোগা-পাতলা হয় আর এনারা নিজেদের শক্তির তুলনায় বেশী কাজ করার চেষ্টা করেন। এনাদের শরীরের ত্বক অত্যন্ত মোলায়েম হয় আর চোট-আঘাতের প্রতি অত্যন্ত বেশী সংবেদনশীল হয়। এমন কোন জিনিষ খেলে, যেটা হজম হয়নি বা যেটা শরীরের পক্ষে অনুকূল নয়... এনাদের শরীরে ফুসকুড়ি বেরিয়ে আসে।

এমন ব্যক্তিদের জন্য স্যালাড, কপি, চিঙ্কোরী, শশা, কাঁকড়ি, অলসী, খুম্বী, আপেল, আঙ্গুর আর সকল প্রকারের ফলের রস উপযোগী হয়। এনাদের জানুয়ারী, ফেব্রুয়ারী, জুলাই আর আগস্ট মাসে নিজেদের স্বাস্থ্যের প্রতি বিশেষ রূপে সতর্ক থাকা উচিত।

স্বাস্থ্য-পরিবর্তনের দৃষ্টিতে এনাদের জীবনের 07, 16, 25, 34, 43, 52 আর 61-তম বছর গুরুত্বপূর্ণ প্রমাণিত হয়।

সংখ্যা 08 অথবা মাসের 08, 17 বা 26 তারিখে জন্ম গ্রহণ করা ব্যক্তিদের অন্যান্য সংখ্যার ব্যক্তিদের তুলনায় লিভার, পিত্তাশয়, আন্ত্র আর মলোৎসর্জন সম্বন্ধীয় কষ্ট হওয়ার সম্ভাবনা বেশী থাকে। এনাদের মাথার যন্ত্রণা, রক্ত-বিকার এবং গেঁটে বাত ইত্যাদি রোগ হওয়ার ভয় থাকে। এনাদের যতটা বেশী মাত্রায় সম্ভব ফল, শেকড়-বাকড় আর সব্জীর প্রয়োগ করা উচিত। এমন ব্যক্তিদের পালং শাক, গাজর, কলা, আজমোদ আর জংলী গন্ধবেন ইত্যাদির প্রয়োগ করা উচিত এবং জানুয়ারী, ফেব্রুয়ারী, জুলাই আর ডিসেম্বর মাসে নিজেদের স্বাস্থ্যের প্রতি বিশেষ দৃষ্টি দেওয়া উচিত। নিজেদের শারীরিক শক্তির থেকে বেশী কাজ করলে কষ্ট হতে পারে।

স্বাস্থ্যের দৃষ্টিতে এনাদের জীবনের 17, 26, 35 আর 62-তম বছর গুরুত্বপূর্ণ হতে পারে।

সংখ্যা 09 অথবা মাসের 09, 18 বা 27 তারিখে জন্ম গ্রহণ করা ব্যক্তিদের সকল প্রকারের জ্বর, বসন্ত, চিকেন পক্স ইত্যাদি রোগ হওয়ার ভয় থাকে। এনাদের অধিক মাত্রায় পৌষ্টিক ভোজন আর মদিরা সেবন এড়িয়ে চলা উচিত। এনাদের পেঁয়াজ, রসুন, মূলো, আদা, লঙ্কা, রেবন্দচিনি, তোরই, মজীঠ আর বিচছুবটীর রস সেবন করা উচিত।

এমন ব্যক্তিদের এপ্রিল, মে, অক্টোবর আর নভেম্বর মাসে নিজেদের স্বাস্থ্যের প্রতি বিশেষ দৃষ্টি দেওয়া আবশ্যক।

স্বাস্থ্যের দৃষ্টিতে এনাদের জীবনের 09, 18, 27, 36, 45 আর 63-তম বছর গুরুত্বপূর্ণ প্রমাণিত হয়।

এই অধ্যায়ে যেসব শেকড়-বাকড়ের বর্ণনা করা হল... সেগুলো প্রায়ই সকল স্থানেই প্রাপ্ত হয় আর এগুলো প্রাকৃতিক রূপে রোগনাশক হয়!

❑❑❑

30

বাড়ী বা শহরের নির্বাচনে সংখ্যা

আমি এই অধ্যায়ে আপনাদের এটা জানাতে চলেছি যে, প্রত্যেক ব্যক্তির এটা জেনে নেওয়া উচিত যে, কোন্ নগর বা স্হান তাঁদের থাকার পক্ষে উপযুক্ত ?

এই তথ্য সেই সব লোকেদের পক্ষে অত্যন্ত বেশী লাভপ্রদ প্রমাণিত হবে... যাঁদের জন্য কিছু স্হান বা নগর অশুভ প্রমাণিত হয়েছে। তাঁরা সম্ভবতঃ অন্য কোন স্হানে যেতে চান... কিন্তু এই সম্বন্ধে নিশ্চিত নির্ণয় গ্রহণ করার কোন সাধন তাঁদের কাছে নেই। এজন্য তাঁরা কোন নির্ণয় নিতে পারেন না। এমন লোকেদের জন্য নিম্নলিখিত নিয়ম লাভদায়ক প্রমাণিত হবে।

এটা তো আপনারা জেনেই গেছেন যে, মূল সংখ্যা 01 থেকে 09 পর্যন্তই হয় এবং বিশ্বের সমস্ত গণনা এর ওপরেই আধারিত হয়। এখানে আমি এটা জানাচ্ছি যে, প্রত্যেক নগরের মূল সংখ্যা কি ভাবে বার করা যায়।

অক্ষরগুলোর সংখ্যা দ্বারা যে কোন নগরের মূল সংখ্যা বার করা উচিত। এর বিধি আগেই জানানো হয়েছে। যদি নগরের মূল সংখ্যা ব্যক্তির জন্ম-সংখ্যার অনুকূল হয়... তাহলে সেই স্হান ব্যক্তির পক্ষে উপযোগী হবে আর যদি ব্যক্তির নামের সংখ্যাও সেটার অনুকূল হয়... তাহলে সেই স্হানকে আরও বেশী ভাগ্যশালী হিসেবে মনে করা উচিত।

সংখ্যা 01-য়ের ব্যক্তিদের জন্য নীচের নগরগুলো অনুকূল হবে। আমরা এখানে ম্যানচেস্টারের উদাহরণ নিচ্ছি।

MANCHESTER
4153553452 = 37 = 3 + 7 = 10 অর্থাৎ 1

অন্য নগরগুলোয় ঃ

Birmingham.. 01
Boston.. 01
New York.. 01
Alexandra.. 01
White Chappel.. 01

এই প্রকার সেই সকল নগরগুলোকে সংখ্যা 01-য়ের অনুকূল মানা হবে... যেগুলোর নামের মূল সংখ্যা 01 হয়।

সংখ্যা 01 আর 04 এবং সংখ্যা 02 আর 07-য়ের ব্যক্তিদের জন্য অধিক স্থান উপযোগী হয়। যেমনটা আমি এর আগেই বলেছি যে, 01 - 04 এবং এটার দ্বারা বদলানো সংখ্যা হচেছ 02 - 07! এজন্য সংখ্যা 01, 02, 04 আর 07-র ব্যক্তিরা সেই সব নগরকে শুভ মনে করে সেই সব স্থানে বাস করতে পারেন... যেসব নগরের মূল সংখ্যা 01, 02, 04 বা 07 হয়।

সংখ্যা 02-য়ের ব্যক্তিদের সেই সব নগর বা স্থানে বাস করা উচিত... যেগুলোর মূল সংখ্যা 02 অথবা সেটার সিরিজের সংখ্যা হয়। কিছু উদাহরণ ঃ

LEEDS
35543 = 20 = 2 + 0 = 2

এই প্রকার নীচের স্থানগুলোরও মূল সংখ্যা 02-ই হয় ঃ

Plymouth.. 02
Los Angeles.. 02
Norwich... 02
Brighton... 02

সংখ্যা 03-য়ের ব্যক্তি অথবা যাঁদের জন্ম কোন মাসের 03, 12, 21 বা 30 তারিখে হয়েছে... তাঁরা এই উদাহরণ থেকে জিনিষটা বুঝতে পারবেন ঃ

CREWE
32565 = 21 = 2 + 1 = 3

অথবা কোন নগর... যার মূল সংখ্যা 03 ঃ

Dullin... 03
Bath.. 03
Reading... 03
Limerick.. 03
Moscow... 03
Melbourne... 03
York.. 03
Nottingham... 03
Devon Port.. 03
Bradfort... 03

সংখ্যা 04-য়ের ব্যক্তি বা কোন মাসের 04, 13, 22 বা 31 তারিখে জন্ম

গ্রহণ করা ব্যক্তিরা এই উদাহরণ দেখতে পারেন ঃ

LONDON
375475 = 31 = 3 + 1 = 4

বা নীচের নগরগুলোও দেখা যেতে পারে ঃ

Paisley.. 04
Bristol.. 04
Leicester.. 04
Quebec.. 04
Montreal.. 04
Stock Port.. 04
Salisbury.. 04

অথবা সেই সব নগরকে... যেগুলো 01, 02, 04, 07 সিরিজের অন্তর্গত আসে, বাস করার জন্য বেছে নেওয়া যেতে পারে। সংখ্যা 05-য়ের ব্যক্তি অথবা কোন মাসের 05, 14, 23 তারিখে জন্ম গ্রহণ করা ব্যক্তিরা এই উদাহরণ দেখতে পারেন ঃ

TAUNTON
4165475 = 32 = 3 + 2 = 5

অথবা নীচের নগরগুলোয়... যেগুলোর মূল সংখ্যা 05

South Port.. 05
Portsmouth.. 05
Chicago.. 05
Cork.. 05
Kienna.. 05

কিন্তু যেহেতু সংখ্যা 05-ই একমাত্র এমন সংখ্যা হয়... যেটা অন্যান্য সকল সংখ্যার সাথে সামঞ্জস্য বজায় করে নেয়... এজন্য এই সংখ্যার ব্যক্তিদের জন্য শহর-নগরের নির্বাচন করার ব্যাপারে খুব বেশী চিন্তিত হওয়ার আবশ্যকতা নেই।

সংখ্যা 06-র ব্যক্তি বা যাঁদের জন্ম কোন মাসের 06, 15 অথবা 24 তারিখে হয়েছে... তাঁরা এই উদাহরণ দেখতে পারেন ঃ

LIVERPOOL
316528773 = 42 = 4 + 2 = 6

অথবা নীচের যে কোন নগরকে বেছে নিতে পারেন... যেগুলোর মূল সংখ্যা 06 ঃ

Edinburgh.. 06
Swansea.. 06
Paris... 06
Dover.. 06
Worthing.. 06
Haifax.. 06
Oxford... 06
Cologua... 06
San Francisco.. 06
Cowes... 06
Shefield... 06

সংখ্যা 07-র ব্যক্তি বা যেসব ব্যক্তিদের জন্ম কোন মাসের 07, 16, 21 অথবা 25 তারিখে হয়েছে... তাঁরা এই উদাহরণ দেখতে পারেন ঃ

WIGAN
61315 = 16 = 1 + 6 = 7

অথবা নীচের যে কোন নগরকে বেছে নেওয়া যেতে পারে ঃ

Doncaster.. 07
Hollywood.. 07
Whitehaven.. 07
Auckland.. 07
Calcutta... 07
Tivertone.. 07
Grimbsy... 07
Preston.. 07

বা অন্যান্য সেই সব নগরকেও এই সিরিজে গন্য করা হবে... যেগুলোর ব্যাপারে আলোচনা সংখ্যা 01-তে আগে করা হয়েছে।

সংখ্যা 08-য়ের ব্যক্তি বা যাঁদের জন্ম কোন মাসের 08, 17 অথবা 26 তারিখে হয়েছে... তাঁরা নীচের উদাহরণ দেখতে পারেন ঃ

GLASGOW
3313376 = 26 = 2 + 6 = 8

অথবা নীচের নগরগুলোও এই শ্রেণীতে আসবে ঃ

Belfast.. 08
Stoke-on-Trent.. 08
Hull.. 08
Bombay.. 08
Bourne Mouth.. 08

কিন্তু যেমনটা আমি আগেই জানিয়েছি, আমার মত হচ্ছে এই যে, সংখ্যা 04 বা সংখ্যা 08-য়ের ব্যক্তিরা সংখ্যা 08-য়ের প্রভাবকে নিজেদের ওপরে পড়তে দেবেন না। তাঁরা এই সংখ্যার দুস্পরিণামী প্রভাবের হাত থেকে রক্ষা পাওয়ার জন্য 01, 03, 05, 06 সিরিজের অনুরূপ নিজেদের নামের সংখ্যায় পরিবর্তন করে নিলে সুফল প্রাপ্ত করবেন।

সংখ্যা 09-র ব্যক্তি বা যেসব ব্যক্তি কোন মাসের 09, 18 অথবা 27 তারিখে জন্ম গ্রহণ করেছেন... তাঁরা এই উদাহরণ দেখতে পারেন ঃ

WULVERHAMPTON
6736525148475 = 63 = 6 + 3 = 9

অথবা নীচের যে কোন নগরকেও এই ক্রমে বেছে নেওয়া যেতে পারে ঃ

Black Port.. 09
White Head.. 09
St. Louis.. 09
Berlin.. 09
Rome.. 09
Toronto.. 09
Brussels.. 09

এখানে এটা জানিয়ে দেওয়া অত্যন্ত আবশ্যক যে, সংখ্যা 05-য়ের ব্যক্তিরা যে কোন নগর বা স্হানে থাকতে পারেন... কারণ এই সংখ্যা সকল স্হানকে নিজের অনুকূল বানিয়ে নেয় – তা সেটার সংখ্যা যা-ই হোক্ না কেন।

এই প্রকার সংখ্যা 04 আর সংখ্যা 08-য়ের ব্যক্তিদের এর দুস্প্রভাব বৃদ্ধি করা উচিত নয়। তাঁদের নিজেদের নামের অক্ষর পরিবর্তন করে 01, 03, 05 অথবা 06 সিরিজের সংখ্যা যুক্ত বানিয়ে নেওয়া উচিত। এই সব সংখ্যাগুলোর প্রভাব তাঁদের পক্ষে ভাগ্যশালী প্রমাণিত হবে।

আমি আগে এটাও জানিয়েছি যে, সংখ্যা 03, 06 আর 09 সিরিজের

সংখ্যাগুলোকে যেদিক থেকেই যোগ করা হোক্ না কেন... যোগফল সর্বদা 09-ই হয়। এজন্য এটা স্পস্ট যে, এই সব সংখ্যার ব্যক্তিরা একে-অপরের অনুকূল হন। এই প্রকার এই সব সংখ্যার নগর আর স্হানগুলোও পরস্পরের অনুকূল হয়।

শেষে আমি এটাই বলতে চাই যে, স্হান বা নগরের অনুকূলতা ব্যাপক রূপে দেখা উচিত। তার থেকেও বেশী নিকট বাড়ীর সংখ্যা হয়। তারিখ আর দিনের সংখ্যার সম্বন্ধ সাময়িক ঘটনাগুলোর সাথে থাকে এবং জন্ম-সংখ্যা মনের ভাবনা, প্রেম আর গৃহস্হ জীবনের অধিক অনুকূল এবং ব্যক্তিগত হয়। যদি এই জিনিষটা মাথায় রাখা যায়... তাহলে মানব-স্বভাবের অধ্যয়ণ করতে থাকা ছাত্র-ছাত্রীদের পক্ষে সংখ্যা-বিদ্যার এই পদ্ধতি, এর অনুকূলতা সরলতাপূর্বক বোঝা সম্ভবপর হয়ে উঠবে।

❑❑❑

31

ঘোড়দৌড় এবং সংখ্যা

আমি এমন অনেক চিঠিও পেয়েছি... যেগুলোয় লোকেরা ঘোড়দৌড়ের বাজী ধরার জন্য সংখ্যার প্রয়োগের বিধির ব্যাপারে তথ্য জানতে চেয়েছেন। হাজার-হাজার লোকেদের এমন প্রশ্নের উত্তর না দিয়ে আমি এই পুস্তক সমাপ্ত করতে পারি না।

নিঃসন্দেহে সংখ্যার জ্ঞান ঘোড়দৌড়ের বাজী লাগানোর জন্য নতুন পথ উন্মুক্ত করে... কিন্তু এই প্রবাদবাক্যের থেকে বেশী সত্য আর কিছুই হতে পারে না যে, অপূর্ণ জ্ঞান সর্বদাই বিপজ্জনক হয়।

আমার নিজস্ব অভিজ্ঞতা এমনটা বলে যে, অধিকাংশ ব্যক্তি এই জিনিষটাকে মানেন যে, তাঁদের জীবনের মুখ্য ঘটনাগুলোর ওপরে সংখ্যার প্রভাব থাকে। এজন্য তাঁরা সম্পূর্ণ তথ্য ছাড়াই সেই ঘোড়ার ওপরে বাজী ধরে বসেন.. যেটার সংখ্যা তাঁদের সংখ্যার সাথে মেলে। কিন্তু এমনটা করার সময় অধিকাংশ ব্যক্তি এটা ভুলে যান যে, ঘোড়ার ওপরে বাজী লাগানোর কাজটা বড়ই জটিল হয়। অনেক বার তো ঘোড়ার মালিক আর ঘোড়ার জকি দ্বারা 'টিপস্' দেওয়া সত্ত্বেও, সেসবের ওপরে ভরসা করা চলে না। এমন কি, এই সম্বন্ধে সংবাদপত্রেও যা কিছু লেখা হয়ে থাকে... অনেকে সেটার ওপরে ভিত্তি করেও বাজী লাগিয়ে দেন। ঘোড়দৌড়ে এমন অনেক ঘটনা ঘটেছে... যেগুলো সেই সব সিদ্ধান্তকে মিথ্যা প্রমাণিত করে দিয়েছে... যেসব সিদ্ধান্তে ঘোড়ার অতীতের দৌড় আর তার প্রস্তুতি দেখে তার ওপরে ভবিষ্যবাণী করা হয়েছিল। অনেক বার রেসে অন্য কোন ঘোড়া সেই ঘোড়াটাকে পেছনে ফেলে দেয়... যার ওপরে অধিকাংশ ব্যক্তি বাজী লাগিয়েছিলেন।

এখানে প্রশ্ন এটা ওঠে যে, সংখ্যার জ্ঞান কি এটা জানানোর জন্য ব্যবহার করা যেতে পারে যে, রেসে কোন্ ঘোড়া প্রথম, দ্বিতীয় আর তৃতীয় স্থানে আসবে ?

আমি অত্যন্ত দৃঢ়তার সাথে এমনটা বলতে পারি যে, এমনটা সম্ভব হতে পারে... কিন্তু কঠিনতা হচ্ছে এটা যে, লোকেরা যখন এই প্রকারের নিয়মের, বিশেষ রূপে সংখ্যার সাথে সম্বন্ধিত নিয়মের উপযোগ করতে লাগেন... তখন তাঁরা নিজেদের বুদ্ধিকে স্থির রাখতে পারেন না। কারণ যে

কোন বিধির প্রয়োগ করার জন্য সেটার বিধিবত্ আর ব্যবস্থিত কার্য-প্রক্রিয়াকে গ্রহণ করতে হয়। সংখ্যার সম্বন্ধে তো এই প্রক্রিয়া আরও বেশী সতর্কতার দাবী জানায়।

যদি কোন ব্যক্তি এই নিয়মকে ঘোড়দৌড়ের জন্য প্রযুক্ত করতে চান... তাহলে তাঁর নিম্নলিখিত পদ্ধতিতে এগোন উচিত ঃ-

তাঁর ঘোড়দৌড়ের মাঠে স্বয়ং যাওয়া উচিত।

এর জন্য সেই দিনটা বেছে নেওয়া উচিত... যেটা তাঁর সংখ্যার অনুকূল হবে।

সম্ভব হলে এটা জানার চেস্টা করা উচিত যে, কোন্ জকির সংখ্যা সেই দিনটার অনুকূল।

যখন এই সব জিনিষ সম্পূর্ণ হয়ে পড়বে... তখন ব্যক্তির সংখ্যা 09 হলে এটা দেখা উচিত যে, কোন্ ঘোড়ার সংখ্যা 09, 18 অথবা 27 অর্থাৎ যেসব সংখ্যার যোগফল 09 হবে। তখন এই জিনিষটার পূর্ণ সম্ভাবনা হতে পারে যে, এই ঘোড়া প্রথম, দ্বিতীয় বা তৃতীয় স্থানে আসতে পারে।

এজন্য এমন সংখ্যার ঘোড়ার ওপরেই বাজী লাগানো উচিত। যদি এই তিনটি সংখ্যা ছাড়াও কোন ঘোড়ার সংখ্যা 36 হয়... তাহলে সেটাকেও সংখ্যা 09-য়ের অধীন মনে করা উচিত। এর সাথে-সাথে যদি ঘোড়াদের বয়সে খুব বেশী পার্থক্য না থাকে... তাহলে চার সংখ্যায় দুটি কম বয়সের ঘোড়া বেছে নেওয়া উচিত। এতেও মেয়ে ঘোড়াদের তুলনায় যুবা পুরুষ ঘোড়াদের প্রাথমিকতা প্রদান করা উচিত। এত কিছু সত্ত্বেও যদি কোন ব্যক্তি প্রথম দৌড়ে বাজী হেরে যান... তাহলে তাঁর দ্বিতীয় দৌড়ের জন্য বাজীর টাকা দ্বিগুণ করে দেওয়া উচিত। এই প্রকার যদি কোন ব্যক্তি সঠিক পদ্ধতিতে চলেন... তাহলে তাঁর ঘোড়া অবশ্যই প্রথম, দ্বিতীয় আর তৃতীয় স্থানে দৌড় শেষ করবে।

কঠিনতা হচেছ এটা যে, অধিকাংশ ব্যক্তিদের মধ্যে সঠিক প্রক্রিয়া গ্রহণ করে চলার জন্য আবশ্যক ধৈর্য্য আর আত্মবিশ্বাস থাকে না। এমনটাও হতে পারে যে, তাঁরা এই সব নিয়মগুলোর পালন এক ঘোড়দৌড়ে করলেন আর সফলতা প্রাপ্ত না হলে দ্বিতীয় দৌড়ে তাঁরা এই সব নিয়মের পালন করলেন না আর অন্য কারও দ্বারা জানানো 'টিপস্' অনুসারে বাজী লাগাতে লাগেন।

যেসব ব্যক্তি নিজেরা ঘোড়দৌড়ের মাঠে যেতে পারেন না, তাঁদের সংখ্যার হিসেবে বাজী লাগানো উচিত নয়... কারণ তাঁরা যে গুরুত্বপূর্ণ জিনিষটা থেকে বঞ্চিত থেকে যেতে পারেন – সেটা হচেছ ঘোড়ার নম্বর! ঘোড়দৌড়ের বাজী জেতার জন্য ঘোড়ার নম্বর জানাটা অত্যন্ত জরুরী হয়!

❑❑❑

32

আমেরিকান রাষ্ট্রপতিদের কিছু নামের উদাহরণ

সবার প্রথম উদাহরণ আমেরিকার প্রথম রাষ্ট্রপতি জর্জ ওয়াশিংটনের নেওয়া যাক ঃ

GEORGE	WASHINGTON
357235 = 25 = 07	6135153475 = 40 = 04
	07 + 04 = 11 = 02

এই সংখ্যাটা হচ্ছে সংযুক্ত রাষ্ট্র আমেরিকার প্রথম রাষ্ট্রপতি জর্জ ওয়াশিংটনের... যেটা হিব্রু বর্ণমালার সংখ্যাগুলোর অনুরূপ, যেমনটা আমরা এর আগে লয়েড জর্জের উদাহরণ দিয়েছি। জর্জের সংযুক্ত সংখ্যা 25-য়ের যোগফল 07 আসে। ওয়াশিংটনের সংযুক্ত সংখ্যা হচ্ছে 40! এই প্রকার সেটার যোগফল হচ্ছে 04! দুটি নামাংশের যোগফল (07 + 04) = 11 বার হয়। সংখ্যা 25 ভবিষ্যতের সম্বন্ধে অনুকল হয়।

ওয়াশিংটন শব্দের সংযুক্ত সংখ্যার অর্থ হচ্ছে এই যে, এই সংখ্যা ভাবনা-চিন্তা করে বার করা পরিণাম, আত্ম-নিরীক্ষণ আর নিজের সহযোগীদের ওপরে মানসিক শ্রেষ্ঠত্বের প্রতীক। এই সংখ্যার ব্যক্তি ভৌতিক বস্তুগুলোর পরোয়া করেন না। এমনটা এজন্য নয় যে, তিনি অসহায় হয়ে এমনটা করেন... বরং তিনি এজন্য এমনটা করেন, কারণ এমনটা তাঁর অভিলাষা হয়।

এই জিনিষটা ওয়াশিংটনের ওপরে পুরোপুরি প্রযোজ্য হয়। উনি বিজয়ী আমেরিকান সেনাবাহিনীর সেনাপতি ছিলেন। যুদ্ধ জয়ের পরে উনি নিজের পদ থেকে ত্যাগপত্র দিয়ে নিজের কম্যাণ্ডারদের থেকে বিদায় চেয়ে নিয়েছিলেন। এই প্রকার রাষ্ট্রপতি পদ থেকেও ত্যাগপত্র দিয়ে উনি আমেরিকান কংগ্রেসে এমনটা বলেছিলেন – "আমি সেই কর্তব্য পূরণ করে দিয়েছি... যেটা আমার ওপরে সঁপে দেওয়া হয়েছিল।"

এই মহান ব্যক্তি... যাঁকে 'আমেরিকান রাষ্ট্রের জনক' বলা হত... নিজের সেবার প্রতিদানে কোন প্রকারের পুরস্কার গ্রহণ করেননি আর মাউন্ট বর্ননে নিজের বাড়ী চলে গিয়েছিলেন।

যদি ওনার নামের সংখ্যা 07 আর 04-য়ের যোগ দেওয়া হয়... তাহলে সংখ্যা 11 তৈরী হয় আর মূল সংখ্যা 02 তৈরী হয়। সংখ্যা 02-কে যদি উচ্চ সীমায় নিয়ে যাওয়া হয়... তাহলে সংখ্যা 20 তৈরী হয়। এই সংযুক্ত সংখ্যার অর্থ হচ্ছে –

"জাগৃতি আর নির্ণয়" অর্থাৎ নিজের কর্তব্যের প্রতি সজাগ থাকা।

এই প্রকারে আপনারা এটা দেখতে পেলেন যে, সংখ্যা-পদ্ধতি দ্বারা জর্জ ওয়াশিংটনের সঠিক গুণগুলোর ব্যাপারে কি ভাবে জানা যেতে পারে। যদি ব্যক্তির সংখ্যা-পদ্ধতির জ্ঞান থাকে আর সেটা তাঁর নামের অনুকূলও হয়... তাহলে ব্যক্তির গুণ আর স্বভাবের জানতে আরও বেশী সহায়তা প্রাপ্ত হয়।

যদি জন্ম আর নামের সংখ্যাগুলোয় অনুকূলতা না থাকে... তাহলে ব্যক্তির চরিত্র, স্বভাব আর গুণের সম্বন্ধে নিশ্চিত করে কিছুই বলা যেতে পারে না।

আসুন... আমরা আবার এক বার জর্জ ওয়াশিংটনের নামের ওপরে বিচার-বিবেচনা করি। ওনার নামের 07 আর 04 সংখ্যাকে পরস্পরের সাথে যোগ করলে 11 তৈরী হয় আর সেটার মূল সংখ্যা 02 তৈরী হয়।

ওনার জন্মদিন 22 ফেব্রুয়ারী পালন করা হয়। একে এই পদ্ধতিতে 04 - 01 লেখা হয়েছে। এর পারস্পরিক অদল-বদল সংখ্যা 02 - 07 লেখা হয়ে থাকে। কিছু-কিছু লোক এমনটা মনে করেন যে, প্রাচীন পঞ্চাঙ্গ অনুসারে ওনার জন্মদিন 11 ফেব্রুয়ারী পড়ে। যদি এটাকেই সঠিক বলে মেনে নেওয়া হয়... তাহলেও নামের সংখ্যাগুলোর প্রভাব পরিবর্তিত হয় না। জন্মদিন 22 ফেব্রুয়ারী বা 11 ফেব্রুয়ারী... যেদিনটাকেই মেনে নেওয়া হোক্ না কেন, দুটোরই 04 আর 02 সংখ্যা পারস্পরিক অদল-বদলের সংখ্যা হয়। এদের পারস্পরিক প্রভাব অনুকূল হয়। যদি জন্ম আর নামের সংখ্যাগুলোয় অনুকূলতা না থাকে... তাহলে ব্যক্তির জীবনের প্ল্যান-প্রোগ্রাম সমরূপ হয় না আর সেটা অনুকূল প্রভাবে কাজ করে না।

আব্রাহাম লিঙ্কন (Abraham Lincoln)

'আব্রাহাম' (ASBRAHAM) শব্দের সংখ্যা 16 অর্থাৎ 07 তৈরী হয় আর 'লিঙ্কন' (LINCOLN)-য়ের 27= 09 তৈরী হয় এবং দুটি শব্দের যোগফল 07 + 09 = 16 = 07 হয়!

লিঙ্কনের জন্ম 12 ফেব্রুয়ারী, 1809 হয়েছিল। ওনাকে গুলি করা হয় 14 এপ্রিল, 1895 এবং ওনার মৃত্যু 15 এপ্রিল হয়েছিল! ওনার জন্ম-সংখ্যা বৃহস্পতির প্রতিনিধি হওয়ার কারণে সেটা এক শক্তিশালী সংখ্যা হয়। এই সংখ্যা প্রচ্ছন্ন উচ্চাকাংখা, শাসনাধিকার আর নিজের বিচারধারাকে ক্রিয়ান্বিত হতে দেখার ইচ্ছারও প্রতীক হয়।

একক জন্ম-সংখ্যা 03 এবং একক নাম-সংখ্যা 07-য়ের মধ্যে মিল নেই। এটা জাতকের উচ্চাকাংখা, শাসন আর নির্দেশের শক্তির পরিচায়ক হয়। অন্তিম নাম-সংখ্যা হচ্ছে 07। এটা অত্যধিক দুর্বল আর বিনম্র সংখ্যা হয়। সংখ্যা 07-য়ের জাতক অত্যন্ত স্বাধীন স্বভাবের মৌলিক আর ভিন্ন ব্যক্তিত্বের ব্যক্তি হন... কিন্তু কিছু সময় পরে তাঁর মধ্যে এক বিচিত্র দার্শনিক দৃষ্টিকোণ বিকশিত হয়ে পড়ে... যেটার ঝলক ওনার সমস্ত কাজেই দেখতে পাওয়া যায়। সংখ্যা 07-য়ের জাতকদের মধ্যে এক অদ্ভূত আকর্ষণ থাকে... যেটার প্রভাব অন্য ব্যক্তিদের ওপরে ভালোমতন পড়ে। আব্রাহাম লিঙ্কনের চরিত্রের ওপরে এই সমস্ত গুণ যে অনেকটাই প্রযোজ্য হয় – এটা আমাদের স্বীকার করতেই হবে।

সংখ্যা 10 'ভাগ্য চক্র'-য়ের পরিচায়ক হয়। এজন্য সংখ্যা 03-কে নাম-সংখ্যা 07-য়ের সাথে যোগ করলে যোগফল 10 হয়। এটা সম্মান, নিষ্ঠা এবং আত্মবিশ্বাসের সংখ্যা হয়... উত্থান আর পতনের সংখ্যা হয়। নিজের ভালো বা খারাপ কাজের জন্য জাতককে সর্বদা স্মরণ করা হয়ে থাকে। এই অর্থে এটা এক অত্যন্ত ভাগ্যশালী সংখ্যা হয় – এমন জাতকদের প্ল্যান-প্রোগ্রাম সম্পূর্ণ হওয়ার ভালোমতন আশা থাকে। জন্মের যৌগিক সংখ্যা 12 মনের যন্ত্রণা এবং মানসিক চিন্তার পরিচায়ক হয়। এই সংখ্যা ত্যাগ বা 'বলির পাঁঠা'-রও পরিচায়ক হয় আর সাধারণতঃ অন্য লোকেদের প্ল্যান-প্রোগ্রাম বা ষড়যন্ত্রের কারণে জাতকের 'শহীদ' হওয়ার সংকেতও প্রদান করে। নাম-যৌগিক সংখ্যা 16 অত্যন্ত রহস্যময় সংখ্যা হয়। এর প্রতীক হচ্ছে বাজ পড়া মিনার... যেটার থেকে মাথায় মুকুট পরা এক ব্যক্তি নীচের দিকে পড়ে যাচ্ছে। এটাকে 'বিধ্বস্ত দুর্গ'-ও বলা হয়।

এই সংখ্যা কোন অদ্ভূত দুর্ঘটনার সতর্কবার্তা প্রদান করে। এটাকে এক সংযোগই বলা উচিত যে, আব্রাহাম লিঙ্কন আমেরিকার 16-তম রাষ্ট্রপতি ছিলেন। 14 এপ্রিল, শুক্রবার যখন উনি থিয়েটারের বক্সে বসে নাটক দিখছিলেন... সেই সময় ওনাকে গুলি মারাটা সংখ্যার চমৎকারই প্রদর্শিত করে।

এখানে আমরা তৃতীয় আমেরিকান রাষ্ট্রপতির ওপরে বিচার-বিবেচনা করছি। তিনি হচ্ছেন – ফ্রাঙ্কলিন ডিল্যানো রুজভেল্ট (Franklin Delano Roosevelt)। ডিল্যানো রুজভেল্ট, নিজের দেশের 32-তম রাষ্ট্রপতি ছিলেন। ওনার জন্ম হাইড পার্ক, ন্যু ইয়র্কে 30 জানুয়ারী, 1882 রাত 08:18 মিনিটে হয়েছিল। ওনার নাম-সংখ্যা এই প্রকার ঃ

FRANKLIN	DELANO	ROOSEVELT
8 2 1 5 2 3 1 5	4 5 3 1 5 7	2 7 7 3 5 6 5 3 4
27 = 02 + 07 = 09	25 = 02 + 05 = 07	42 = 04 + 02 = 06
		(09 + 07 + 06 = 22 = 04)

রুজভেল্টের জন্ম-সংখ্যার একক সংখ্যা হচ্ছে 03... যেটা বৃহস্পতির প্রতীক হয়। কিন্তু এই সংখ্যার শক্তির ওপরে মুখ্য রূপে শুরুর বছরগুলোয় শনির, সংখ্যা 08-য়ের মানসিক ছায়া পড়ে গেছে। এই সংখ্যা কুম্ভ রাশির পরিচায়ক হয়। কুম্ভ রাশির জাতকেরা সাধারণ লোকেদের ভালো করার জন্য প্রায়ই অত্যধিক সক্রিয় হয়ে থাকেন। অন্যদের কষ্টের ভার নিজেদের কাঁধে তুলে নেওয়ার জন্য এনারা নিজেদের সব কিছু ত্যাগ করতেও প্রস্তুত হয়ে থাকেন। এনারা যুক্তিবাদী, বাদ-বিবাদে অত্যধিক সফল হন আর অন্যদের কথা খুব মুশকিলে মানেন। এনারা সার্বজনিক সভা, বড়-বড় জমায়েত আর জন-সমারোহে অত্যন্ত সক্রিয় হয়ে থাকেন। এনাদের চোখে এক প্রকারের মূক শক্তি থাকে... যেটার দ্বারা এনারা অন্যদের নিজেদের বশ বরে নেন।

পরিস্থিতির যে কোন প্রকারের আহ্বানে এনারা নিজেদের সর্বোত্তম প্রতিভার

প্রদর্শন করতে লাগেন। শরীর-স্বাস্থ্যের মামলায় এনাদের মধ্যে এক অদ্ভূত প্রকারের পেটের রোগে পীড়িত হওয়ার প্রবৃত্তি লক্ষ্য করা যায়... যেটার থেকে সাধারণ ঔষধি সেবনে মুক্তি পাওয়াটা কঠিন হয়। এনাদের দাঁতের রোগ, হাঁটু আর পায়ের যন্ত্রণা আর মেরুদণ্ডের মধ্যভাগে সমস্যা দেখা দেওয়ার সম্ভাবনা থাকে। রুজভেল্ট দৃঢ় ইচ্ছাশক্তি, সংকল্প আর উচ্চাকাংখার পরিচায়ক ভাগ্যশালী সংখ্যা 03-য়ের প্রভাবে জন্ম গ্রহণ করার কারণে এই রাশির সংকেতগুলোর ঊর্দ্ধে উঠে গিয়েছিলেন আর উনি শৈশবে হওয়া মেরুদণ্ডের পক্ষাঘাতের ওপরেও বিজয় প্রাপ্ত করে নিয়েছিলেন। সংখ্যা 03-য়ের জাতকদের গুণের বর্ণনা করতে গিয়ে আমি আগে লিখেছি যে, সংখ্যা 03-য়ের জাতকেরা সংখ্যা 01-য়ের জাতকদের মত কাজ করার উচ্চাকাংখী হন। এনারা অধীনস্থ পদে কাজ করতে কখনো সংকোচ অনুভব করেন না। এনাদের লক্ষ্য সর্বদাই দুনিয়ায় উঁচুতে ওঠা এবং অন্য লোকেদের ওপরে অঙ্কুশ আর অধিকার প্রাপ্ত করা হয়। সংখ্যা 03-য়ের জাতকেরা যে কোন পেশা, বৃত্তি বা ক্ষেত্রে প্রায়ই উচ্চতম পদে পৌঁছে যান। এনারা প্রায়ই সেনা আর নৌ-সেনায়, সরকারে এবং বিশেষ করে বিশ্বসনীয় আর দায়িত্বসম্পন্ন সকল পদে নিজেদের শ্রেষ্ঠত্বের পরিচয় প্রদান করেন। এনারা নিজেদের কর্তব্য-পালনের প্রতি অত্যন্ত সজাগ হয়ে থাকেন।

এটা আমেরিকার 32-তম রাষ্ট্রপতির একেবারে সঠিক বর্ণনা বলে মনে হয়। জন্ম-সংখ্যা এবং নাম-সংখ্যার বিশ্লেষণ করলে আমরা এটা দেখতে পাই যে, সেই দুটোর পরস্পরের সাথে মিল নেই। ওনার জন্ম-সংখ্যা হচেছ 03 আর 04 ! নামের যৌগিক সংখ্যা 22 ! দেশের সম্বন্ধে, 32-তম রাষ্ট্রপতি হওয়ার সুবাদে সংখ্যা 32 ওনার পক্ষে শুভ প্রমাণিত হয়েছে। এই সংখ্যায় এক চমৎকারী শক্তি রয়েছে। এর সম্বন্ধ সাধারণ ব্যক্তি আর রাষ্ট্রের সাথে থাকে। এই সংখ্যার ব্যক্তি নিজের নির্ণয়ের ওপরে অটল হয়ে থাকলে সেটা শুভ হয়। ভাবী ঘটনার জন্যও এই সংখ্যা শুভ হয়।

আমেরিকান রাষ্ট্রপতি রুজভেল্টের নামের যৌগিক সংখ্যা 22 ওনার পক্ষে ততটা শুভ নয়। এই সংখ্যা এমন ব্যক্তির পরিচায়ক হয়... যিনি অন্যদের মূর্খতার কারণে অন্ধ হয়ে পড়েছেন আর ভুলে ভরা বোঝা নিজের পিঠে চাপিয়ে রেখেছেন। এই সংখ্যার জাতকেরা কল্পনার জগতে বিচরণ করা স্বপ্নদর্শী ব্যক্তি হন।

আমেরিকান রাষ্ট্রপতি রুজভেল্টের নিজের জীবনে হত্যার প্রচণ্ড বড় ঝুঁকি ছিল। ওনার জীবনের সংকেত অনেকটা আব্রহাম লিঙ্কনের মতই ছিল। 15 ফেব্রুয়ারী, 1933 জ্বগার নামক এক আতংকবাদী ভায়াবী ফ্লোরিজে ওনার ওপরে 06-টি গুলি চালায়। উক্ত ঘটনায় ওনার সাথে শিকাগোর মেয়রেরও মৃত্যু হয়ে পড়েছিল।

যদি সম্ভব হয়... তাহলে জন্ম-সংখ্যা আর নাম-সংখ্যাকে একে-অপরের অনুকূল করে তুলুন। একমাত্র তাহলেই সেগুলোর স্পন্দনের মিল সম্ভব হবে আর একমাত্র তাহলেই জীবনে সফলতা প্রাপ্তির সম্ভাবনাও সৃষ্টি হতে পারে।

❑❑❑

33

বাইবেল এবং সংখ্যা তন্ত্র

আমি নিজের এই পুস্তকের আগের এক অধ্যায়ে হিব্রু জাতির সাথে সম্বন্ধিত আর অন্যান্য সংখ্যাগুলোর প্রভাবের ব্যাপারে আলোচনা করেছি।

এই জিনিষটাও কম আশ্চর্যজনক নয় যে, অনেক কস্ট আর অত্যাচার সহ্য করেও ইহুদীরা নিজেদের পবিত্র ধর্মগ্রন্থের নিয়ম-নির্দেশের অনুরূপ চলে নিজেদের ধর্ম আর মান্যতার প্রতি নিজেদের অটুট আস্থা বজায় রেখেছিলেন। নিজেদের পবিত্র ধর্মগ্রন্থকেই তাঁরা নিজেদের আধার বানিয়ে রেখেছিলেন আর সেটায় উল্লেখিত কথাগুলো বিশ্বের অন্যান্য ধর্মের মূলভূত জিনিষ হয়ে উঠেছিল।

এটা যে কোন পুস্তকের পক্ষে কম গুরুত্বের ব্যাপার হয় না যে, এমন পুস্তক আজ পর্যন্ত আর দ্বিতীয়টি লেখা হয়নি। সেটাকে ঈশ্বরের বাজীর নাম প্রদান করা হয়েছে... যেটা প্রথমে হিব্রু জাতির জন্য সেটার রচয়িতার বার্তার রূপে পরিচিত ছিল। পরে এই সব বার্তাকে সম্পূর্ণ মানব জাতির কল্যাণে মানা হয়।

সেই পুস্তক 'বাইবেল' নামে পরিচিত! এর ব্যাপারে এমনটা বলা হয়ে থাকে যে, মানব জাতির ওপরে সংসারের অন্যান্য সকল পুস্তকের থেকে বেশী প্রভাব বাইবেলের পড়েছিল। ইহুদীদের পরে, মানব জাতিকে এর বার্তা সবাধিক প্রভাবিত করেছিল। মানব জাতি এর থেকে যতটা জ্ঞান প্রাপ্ত করেছে... তার থেকেও বেশী জ্ঞান এখনও প্রচছন্ন হয়ে রয়েছে। সেগুলোর মধ্যেও প্রেরণার উৎস লুকিয়ে রয়েছে।

এই পুস্তকের ব্যাপারে যদি আমাকে সংক্ষেপে কিছু বলতে বলা হয়... তাহলে আমি এটাই বলতে চাইব যে, বাইবেলে কেবলমাত্র বিধাতার ভৌতিক সৃষ্টির দিব্য নমুনার প্রমাণই বিদ্যমান হয়ে নেই... বরং এর ভেতরে সর্ব ব্যবস্থিত-সুনিয়োজিত প্রক্রিয়াও নিহিত হয়ে রয়েছে... যেটা বাইবেলকে প্রেরণাস্পদ করে তোলে। বাইবেলে এই প্রেরণারও প্রমাণ অন্তর্নিহিত হয়ে রয়েছে। এই কারণেই এর বার্তা সম্পূর্ণ মানব জাতির জন্য।

আমাদের সামনে বাইবেলের রূপে এই পুস্তক জন সাধারণের উপযোগের জন্য পেশ করা, বিশ্বের মহান ব্যক্তিদের মধ্যে এক মহাত্মা ছিলেন। এর সংকলন মহান ব্যক্তি মুসা করেছিলেন।

আমরা এক মুহূর্তের জন্য এমনটা চিন্তা করি, এই ব্যক্তি কে ছিলেন?

আর গোটা বিশ্বে উনি এতটা সম্মান আর প্রশংসা কেন প্রাপ্ত করেছিলেন? সংক্ষেপে বলতে গেলে – ওনার জন্ম ধর্মগুরু লেভী-র পরিবারে হয়েছিল। ওনাকে মুসা এজন্য বলা হয়েছিল... কারণ ওনাকে মিশরের সম্রাট ফারাও-য়ের রাজকুমারী নীল নদীতে ডুবে যাওয়ার হাত থেকে রক্ষা করেছিলেন। ওনাকে রাজকুমারী কোলে তুলে নিয়েছিলেন আর ওনাকে রাজকুমারীর পুত্র হিসেবে পরিচয় প্রদান করা হয়েছিল।

এই অবস্থায়, মহান সম্রাট ফারাও-য়ের রাজকুমারীর পুত্র হওয়ার কারণে মিশরে ওনার পড়াশোনা করার রাজকীয় ব্যবস্থা করা হল। বাইবেলে এমনটা বলা হয়েছে যে, তিনি মিশরের সকল জ্ঞানে দক্ষ ছিলেন। ইতিহাস এমনটা জানায় যে, উনি জ্যোতিষ শাস্ত্রের প্রকাণ্ড পণ্ডিত ছিলেন। উনি হ্যালিয়ো পোলিসে সূর্য মন্দিরে এক বিরাট বড় মানমন্দিরের নির্মাণ করিয়েছিলেন।

যখন ওনার মা মিশরের সম্রাজ্ঞী হলেন... তখন মুসা ওনার সেনাবাহিনীতে প্রমুখ সেনাপতির পদ গ্রহণ করেন। উনি যুদ্ধে ইথিয়োপীয়নদের পরাজিত করেন আর মিশরকে বাইরের সংকট থেকে মুক্ত করান।

সম্রাজ্ঞীর মৃত্যুর পরে এক ফারাও-ই রাজগদীতে বসেন... যিনি নিজেদের মূল শক্তির ব্যাপারে জানতেন না। বাইবেলে এমনটা বলা হয়েছে যে, মুসা আলাদা ভাবে নিজের জাতির লোকেদের সেবায় লেগে পড়েন। উনি এটা জানতেন যে, উনি এক হিব্রু... দিব্য লেভী জাতের সন্তান। উনি মিশরে চলে গেলেন আর মিডিয়ানের ময়দানে বসবাস করতে লাগলেন।

মুসার বয়স সেই সময় 18 বছর ছিল। ওনার যথেস্ট অভিজ্ঞতা ছিল। উনি নিজের দায়িত্ব আর শক্তি সম্বন্ধে পরিচিত ছিলেন। উনি পরম বিদ্বান ছিলেন আর ওনার সম্পূর্ণ মিশরের জ্ঞান সিদ্ধ ছিল। উনি সেই ব্যক্তি ছিলেন... যাঁকে প্রভু নিজের সন্তানদের উপদেশ প্রদান করার জন্য বেছে নিয়েছিলেন।

সংখ্যার দৃষ্টিতে বাইবেলে যেসব উপদেশ লেখা হয়েছে... সেগুলো 22 ভাগে বিভক্ত ছিল। হিব্রু ভাষার অক্ষরের সংখ্যাও 22! প্রতিটি বিভাগে 08 উপদেশ রয়েছে। প্রত্যেকটিতে দীর্ঘ আর হ্রস্বের হিসেবে 16 অক্ষর রয়েছে। এই প্রকার গজলের দ্বিতীয় ভাগ হিব্রু ভাষার অন্যান্য অক্ষর দিয়ে শুরু হয়। এই প্রকার 22 অক্ষরের এই প্রয়োগ অত্যন্ত দুর্লভ!

বাইবেলে সংখ্যা 12 আর 22-য়ের প্রয়োগ অনেক বার হয়েছে। এতে প্রযুক্ত সংখ্যা অসীম মানসিক শক্তির পরিচায়ক হয় আর রহস্যপূর্ণ ভাবে প্রভুর চমৎকারকে ক্রিয়াত্মক রূপ প্রদান করে।

❑❑❑

34

উপসংহার

এটা অত্যন্ত স্বাভাবিক যে, যখন কোন ব্যক্তি নিজের দীর্ঘ অভিজ্ঞতা, সাংস্কৃতিক পৃষ্ঠভূমি আর অনুসন্ধান প্রক্রিয়ার পালন করার সাথে-সাথে কোন বিশেষ বিষয়ের অধ্যয়ণ করেন... তখন নিশ্চিত রূপে তিনি সেই বিষয়ের গূঢ়তার তথাকথিত রহস্যময়তাকে, সেটার রহস্যকে নিজের একাগ্রতার শক্তি দ্বারা শেষ পর্যন্ত ঠিকই সমাধান করে ফেলেন।

আর্টের বিদ্যার্থীরা নিজেদের কলাত্মক দৃষ্টির জোরে বস্তুর রং, রূপ, আকার, অবস্হান ইত্যাদি এক হাজার এক পরত খুলে ফেলেন... যেগুলো অন্যান্য সাধারণ প্রেক্ষকদের দৃষ্টি এড়িয়ে যায়। এই প্রকার জীব-বিজ্ঞানের সামনে প্রত্যেক প্রাণী নিজেদের কাহিনী শোনায়... প্রতিটি বৃক্ষ নিজেদের বয়সের বর্ণনা করে আর প্রতিটি ফুল নিজেদের প্রজাতির ব্যাপারে জানায়।

বিজ্ঞানের বিদ্যার্থীদের এমন কি বিলক্ষণতা থাকে যে, তাঁরা যে কোন অপরিচিত প্রাকৃতিক প্রক্রিয়াকে সাধারণ নিয়ম আর গণনার মাধ্যমে যেটাকে বেছে নেন, সেটাকেই জ্ঞান মনে করতে পারেন।

এই পুস্তক পাঠকদের হাতে তুলে দিতে গিয়ে আমার এমন কোন নিবেদন করা উচিত হবে না... কারণ আমি এক লম্বা সময় ধরে জ্ঞানের এই শাখার অধ্যয়ণ-মনন করে আসছি এবং অসংখ্য প্রয়োগ আর গণনা দ্বারা আমি তথাকথিত সিদ্ধান্তগুলোকে প্রমাণিত করেছি এবং এর ভিত্তিতে আমি এমনটা অনুভব করি যে, এবার আমার নিজের অর্জিত এই জ্ঞান গোটা বিশ্বের সামনে পেশ করা উচিত।

এমনটা সবার দ্বারাই স্বীকার করা হয়েছে যে, বস্তুর অগোচরতা জীবনের এক পক্ষ হয়... যেটার খুব কম অংশই এখনও পর্যন্ত আবিস্কার করা গেছে। এখনও অনেক কিছু লুকিয়ে রয়েছে, অজ্ঞাত হয়ে রয়েছে... যেগুলো সকল প্রকারে মনুষ্য জীবনের সাথে সম্বন্ধিত... কিন্তু অধিকাংশ বিচারক এখনও পর্যন্ত এই রহস্যের দিক থেকে মুখ ঘুরিয়ে রয়েছেন।

আমাদের এই বৈজ্ঞানিক প্রযুক্তির আধুনিক যুগে যখন ভৌতিক আর যান্ত্রিক বিজ্ঞান সর্বাধিক মনোযোগ আকৃস্ট করেছে... সেই সময় বেতারের-তার সঞ্চার আর রেডিয়াম আর ঘরোয়া উপযোগের জিনিষের রূপে সামনে প্রকাশ পেয়েছে।

স্বয়ং বেতারের-তার সঞ্চার অসংখ্য লোকেদের জীবনকে রক্ষা করেছে। রেডিয়ামও প্রায় এমনটাই করেছে আর এজন্য বস্তুগুলোর শাশ্বত উপযোগ সম্বন্ধীয় জ্ঞান নিশ্চিত রূপে তাঁর চেলা হয়ে উঠবে... যিনি সেটাকে প্রাপ্ত করার সংকল্প গ্রহণ করে সেটাকে অর্জিত করবেন।

আজকের ভৌতিক উন্নতির যুগে সাম্প্রতিক শতাব্দীগুলোয় মনুষ্য ভৌতিক আর

যান্ত্রিক উন্নতির স্তরে তো পর্যাপ্ত সফলতা অর্জন করে নিয়েছে... কিন্তু মানব মনোবিজ্ঞানের পরীক্ষণ-অধ্যয়ণের দৃষ্টিতে জ্ঞানের ক্ষেত্রে হওয়া ক্ষতির কথা সে ভুলেই গেছে। আজ সে জীবনের সমস্যার সমাধান করার তুলনায় জীবনের বিধ্বংসকারী সংসাধনগুলোর নির্মাণে বেশী ব্যস্ত হয়ে উঠেছে। ভৌতিকবাদী নিয়ম অনুসারে তার কিসের মোহ রয়েছে ? কিন্তু জীবন রচনা করা, সেটাকে নিয়ন্ত্রিত করা আর সেটাকে বজায় রাখা নিয়মগুলোকে পরীক্ষা করে দেখার ব্যাপারে তার প্রচেস্টা অপর্যাপ্তিই বটে।

যখন নিউটন মাধ্যাকর্ষণের নিয়ম আবিস্কার করেছিলেন... তখন এক মুহূর্তের জন্য হলেও উনি এমনটা চিন্তা করেননি যে, এর দ্বারা অন্তরীক্ষের সমস্যার সমাধান হয়ে পড়বে আর উনি এমনটা অনুভব করেছিলেন যে, তারা সমূহ, সূর্য, চন্দ্র-ও গ্রহগুলোর ওপারেও স্হির নক্ষত্র আর তাদের এই ক্রম অসংখ্য। সমস্যার গুরুত্বের দৃষ্টিতে উনি এটাই সুনিশ্চিত করতে পারতেন যে, এই সব কিছুর পেছনে নিশ্চিত রূপে কোন গূঢ় নিয়ম রয়েছে... যেটা সকল জ্ঞাত নিয়মের থেকে অনেক বেশী ব্যাপক।

আমার দৃঢ় বিশ্বাস যে, আমি এই পুস্তকে যে তথ্য প্রদান করার চেস্টা করেছি... পাঠকবৃন্দ যদি সেই সব সিদ্ধান্ত-নিস্কর্ষগুলোর পালন করেন... তাহলে তাঁরা নিশ্চিত রূপে এখানে প্রাপ্ত মূলভূত তত্ত্বকে গ্রহণ করতে পারবেন। এখানে তুলে ধরা জ্ঞান ব্যবহারিক প্রকৃতির আর সেটাকে গ্রহণ করে, বুঝে লোকেরা নিজেদের জীবনকে সফল করে তুলতে পারবেন।

এখনও পর্যন্ত তন্ত্র-বিদ্যাকে স্বপ্নলোকের বস্তু বলে মনে করা হত। এই কারণে লোকেরা এর অধ্যয়ণ করতেন না আর তাঁরা এমনটা মনে করতেন যে, এই বিদ্যা না তো লাভদায়ক... না ক্রিয়াত্মক আর এর দ্বারা জীবনে ধন ইত্যাদির লাভই ওঠানো যেতে পারে।

লোকেদের কানে কেবলমাত্র এই আওয়াজই গুঞ্জরিত হত যে, এই প্রকারের অধ্যয়ণ কেবল ঝাড়-ফুঁকের ওপরে আধারিত আর এই বিদ্যাকে শয়তানের সাথে সম্বন্ধিত বিদ্যা হিসেবে মনে করা হত।

প্রত্যেক ব্যক্তি... যাঁরা প্রতি রবিবার গীর্জায় যান – নিজেদের 'ঘৃণিত প্রাণী' হিসেবে মনে করেন। তাঁরা সেই জ্ঞান প্রাপ্ত করার চেস্টা করার সাহসই করে উঠতে পারেন না... যেটা প্রাপ্ত করে রুঢ়িবাদের শৃঙ্খল ভেঙে ফেলা যেতে পারে এবং মানসিক আর বৌদ্ধিক গোলামী থেকে বাইরে বেরিয়ে আসা যেতে পারে। তাঁদের এটা জানা নেই যে, মহান সম্রাটেরা যে উন্নতি করেছিলেন... সেটা তাঁরা নিজেদের জ্যোতিষী বা মিশরীয় জাদুকরদের দ্বারা প্রদর্শিত পথে চলেই প্রাপ্ত করতে পেরেছিলেন। ওনারা এটা কখনো পড়েননি যে, মহান সম্রাজ্ঞী এলিজাবেথ রাজ্যের প্রতিটি মামলায় নিজের জ্যেরতিষী আর হস্তরেখা বিশেষজ্ঞ ডাঃ জন ডি'-র পরামর্শ গ্রহণ করতেন আর সময়ে-সময়ে ইংল্যাণ্ডের ভাগ্যের ব্যাপারে জানার জন্য গূঢ় জ্ঞানীদের সাথেও যোগাযোগ করতেন।

ইংল্যাণ্ডের মহান জ্যেতিষী উইলিয়াম লিলী-র সম্বন্ধেও আমাদের কিছুই জানা নেই... যিনি লণ্ডনের ভয়ংকর অগ্নিকাণ্ড ঘটার 15 বছর আগেই সেটার ভবিষ্যবাণী করেছিলেন। ওনাকে 'হাউস অফ্ কমন্স'-তে এটা বলার জন্য ডেকে পাঠানো হয়েছিল যে, সেই অগ্নিকাণ্ড ঠিক কেন হয়েছিল ?

চার্লস (প্রথম) 1000 পাউণ্ড দিয়ে সেই জ্যোতিষী লিলী-কে নিজের ভবিষ্যৎ জানানোর জন্য ডেকে পাঠিয়েছিলেন... কিন্তু উনি সেই ডাক স্বীকার করে নিলে

ওনাকে নিজের মুণ্ডুটা এই ভাবে বেঘোরে হারাতে হত না।

এই প্রকার ক্যুইন এন.-য়ের কাছেও এক জ্যেতিষী ছিলেন... যাঁর সহযোগে তিনি প্রিভীপার্সের ব্যবস্থা করতেন। ক্যুইন সেই জ্যোতিষীর কাছে নিজের মৃত্যুর বছর জানতে চেয়েছিলেন। জ্যেতিষী ওনার মৃত্যুর 03 বছর আগে 01 আগস্ট, 1714 ওনার মৃত্যুর ভবিষ্যবাণী করেছিলেন... যেটা সত্য প্রমাণিত হয়েছিল।

মানব জীবন এক রহস্য হয়। আমাদের না তো এর শুরুর জ্ঞান আছে... না শেষের! আমরা এক অন্ধ আয়নায় মুখ দেখতে থাকি। আমরা এটা জানতে পারি না যে, ভাগ্য কি ভাবে আর কেন এমন জাল বুনতে থাকে।

আমরা এমনটা মনে করি যে, সব কিছু প্রভুর ইচ্ছায় হয়... কিন্তু পেছন ফিরে দেখলে সেটা স্পষ্ট হয়ে ওঠে।

আমাদের এমনটা দৃঢ় বিশ্বাস থাকে যে, আমাদের পরমাত্মার কল্পনা আর ইচ্ছার অনুরূপ নির্মাণ করা হয়েছে আর আমরা মনুষ্য দ্বারা স্থাপিত মূল্যবোধের কাছে নিজেদেরকে বেচে দিয়েছি।

আমাদের নিজেদের ওপরে কোন ভরসা নেই। আমরা এমনটা চিন্তা করি যে, আমাদের গুরুদের কাছেই বুদ্ধি ছিল... কিন্তু দুঃখের বিষয় হচেছ এটা যে, ওনারা সেই জ্ঞানের দ্বার বন্ধ করে রেখেছিলেন আর সেটাকে খুলতে পারা চাবির ব্যবহার না হওয়ায় সেটায় জং পড়ে গেছে।

এই সব কিছুর পেছনে ধৈর্য্য আর অমরত্বের দেবতা প্রতীক্ষা করে থাকেন।

ধীরে-ধীরে যুগ কেটে যায় – ঠিক যেন হাজার বছর এক দিনে কেটে যায়। বিভিন্ন রাষ্ট্রের উত্থান-পতন হতে থাকে। শিক্ষক-গুরুরা আসেন আর চলেও যান। সময় প্রভুর ইচ্ছায় ভাগ্যের জাল বুনতে থাকে আর সেই জাল প্রভুর ইচ্ছার অনুরূপই স্পষ্ট হয় অর্থাৎ প্রভুর ইচ্ছা স্পষ্ট হওয়া পর্যন্ত ভাগ্যের এই জাল বোনা চলতেই থাকে।

সেই সময় যদি এই তন্ত্র-বিদ্যা – যেটার উল্লেখ আমি করেছি – ভাগ্যের সেই গুপ্ত রহস্যগুলো বুঝতে কিছুটাও সহায়তা করত... তাহলে ব্যক্তি সেই সব গুপ্ত রহস্যের প্রতি সজাগ হয়ে উঠত। সেই ঈশ্বরেচছা দ্বারা প্রেরিত হয়ে, আমি নিজের কর্তব্য পূরণ করেছি আর আমার প্রসন্নতা হচেছ যে, আমার প্রচেস্টা ব্যর্থ হয়নি।

আমি অনেক হতাশ আর দুঃখী প্রাণীদের দেখেছি। কিন্তু যেসব লোক কিছুটা হলেও নিজেদের প্রবৃত্তি সম্বন্ধে জানেন... তাঁদেরকে বাঁচানো যেতে পারে। এজন্য আমি এটাকে নিজের কর্তব্য বলে মনে করেছি যে, আমি লোকেদের চরিত্র আর প্রবৃত্তিগুলোর সংকেতকে সরল-সাধাসিধে ভাষায় প্রকাশিত করিয়ে পেশ করব... যাতে জন্ম-কালের ব্যাপারে লোকেরা সহজে জানতে পারে।

আমার দৃঢ় বিশ্বাস যে, চরিত্র সম্বন্ধীয় নিরীক্ষণ-পরীক্ষণের ব্যাপারে জ্ঞানের ক্ষেত্র দেখানো যে কোন উপায় কেবলমাত্র লাভদায়কই হবে না... বরং এটা অত্যন্ত জরুরীও বটে – কারণ আজকের প্রতিযোগিতামূলক যুগে যদি ব্যক্তি জীবনে সফল হতে চান... তাহলে তাঁকে নিজের ক্ষমতা, জন্ম-কাল, নাম-সংখ্যা ইত্যাদির প্রভাবের ব্যাপারে অবশ্যই জানতে হবে।

সুতরাং নিস্কর্ষের রূপে এমনটা বলা যেতে পারে যে, জীবনের রহস্য সমাধান করার কাজে এই জ্ঞান যদি কিছুটাও সহায়ক হয়... তাহলে সেটাকে লেখনীয় প্রচেস্টার সফলতাই বলা হবে!

❑❑❑